MEMORIAS DE UNA PAREJA PASTORAL
POR
JACOBO Y EXILDA MARTÍNEZ

MEMORIAS
de una pareja
PASTORAL

Jacobo y Exilda Martínez

PALABRA PURA
palabra-pura.com

MEMORIAS DE UNA PAREJA PASTORAL

Copyright © 2022 Exilda Martinez
Todos los derechos reservados
Derechos internacionales reservados

ISBN: 978-1-951372-85-9

Las citas bíblicas de esta publicación han sido tomadas de la Reina-Valera 1960™ © Sociedades Bíblicas en América Latina, 1960. Derechos renovados 1988, Sociedades Bíblicas Unidas. Utilizado con permiso.

Apreciamos mucho HONRAR los derechos reservados de este documento y no retransmitir o hacer copias de éste en ninguna forma (excepto para el uso estrictamente personal). Gracias por su respetuosa cooperación.

Diseño del libro: Iuliana Sagaidak
Editorial: Palabra Pura, www.palabra-pura.com

CATEGORÍA: Religión / Vida Cristiana / Memorias personales

CONTENIDO

Prólogo 13
PARTE 1: Exilda Mora 17
PARTE 2: Jacobo Martínez 45
PARTE 3: Salida de Cuba 57
PARTE 4: Nuevo Comienzo en Los Angeles, California 77
PARTE 5: La vida en familia en Los Angeles, California 103

Prólogo

*M*emorias de una Pareja Pastoral. Las memorias que nos comparten los esposos Jacobo y Exilda Martínez es algo extraordinario.

El que ambos hayan conocido el evangelio de Cristo desde su temprana edad les dio la fortaleza y la pasión por la Palabra de Dios que brillaría durante toda su vida. Antes de conocer al Señor, lo único que tenían en común Jacobo y Exilda era su origen cubano y las mismas circunstancias políticas de su país, bajo el régimen de Fidel Castro; sin embargo, todo cambió cuando ambos (cada uno por su lado) conocieron a Cristo. Cristo Jesús se convirtió en el vínculo perfecto mediante el cual Dios cumpliría un gran propósito. Así fue como, dado el tiempo en que Jacobo y Exilda estudiaran en la misma institución teológica en Cuba, que «Dios los llamó y Él también los juntó», siendo aún muy jóvenes.

Lo que vino después es lo que realmente engrandece a este matrimonio ejemplar: cuando tuvieron que enfrentar una serie de circunstancias, que, solamente tomados de la mano de Dios, pudieron superar.

Lo que nos comparten los esposos Martínez es más que sus triunfos y fracasos, es un testimonio vivo y poderoso de la fidelidad de Dios con aquellos que dedican sus vidas completamente a cuidar de Su rebaño. Tal motivación nace de una eterna gratitud por su salvación personal, gratitud que no solo se manifiesta amando a la obra a la cual fueron llamados y enviados, sino también, aceptando la misión de ser representantes de Cristo en el mundo.

Esto es lo que personalmente he disfrutado en los últimos años como miembro del Centro Cristiano Ríos de Agua Viva, en la ciudad de South Gate, California, iglesia que los pastores Martínez pastorearon por más de 30 años. Su amor, comprensión y sabiduría me han sido de mucha bendición e inspiración en mi vida espiritual y profesional. Sus enseñanzas de la Palabra de Dios me han fortalecido en cada momento difícil, y ellos me han dado la motivación para seguir adelante. Ruego a Dios que les dé muchos años de vida y la fortaleza que ellos necesitan para continuar hasta el fin, guiados por el Espíritu Santo.

Los pastores Martínez nos han dejado un legado poderoso. Ellos no solo nos inspiran como pastores, sino también como padres. Todos los que somos padres sabemos lo difícil que es hacer que nuestros hijos sientan pasión por las mismas cosas que a nosotros nos apasionan; sin embargo, los pastores Martínez han sido bendecidos con una hermosa familia. Tanto su primera hija Sara, quien junto a su esposo pastorean actualmente el Centro Cristiano Ríos de Agua Viva en la ciudad de South Gate, CA. (después del retiro de los hermanos Martínez), como Loida Lidia (su otra hija), sirven al Señor de todo corazón.

Ángel y Sara, pastores actuales, también tienen una familia hermosa con tres hijos varones, quienes sirven fielmente al Señor en diferentes ministerios. Su segunda hija Lidia Loida, también felizmente casada, tiene una familia hermosa que sirve al Señor, haciendo realidad la declaración de Josué 24:15 «... *Yo y mi casa serviremos a Jehová*».

Esta hermosa pareja es un ejemplo del legado que todo líder cristiano debe dejar antes de su partida: un legado de fidelidad a Dios, quien en su gracia les ha permitido hacer grandes cosas para

Él, y ha cumplido su Palabra cuando dice: «*Buscad primeramente el reino de Dios y su justicia...*» (Mateo 6:33).

Este libro es el testimonio de un legado para las próximas generaciones de esposos, pastores, líderes y padres cristianos. Un libro que brillará perpetuamente con la luz de la gloria de Cristo en todo aquel que atienda el llamado de obediencia al Dios vivo.

Dr. Abraham Alvarado

PARTE 1

Exilda Mora

Retrospectiva de aquellos días en Mir, Provincia de Oriente, Cuba

Exilda E. Mora Fernández nació el 16 de agosto de 1940, en Mir, Oriente, Cuba; hija de Arsenio P. Mora Rosal y Gracia Nila Fernández Vargas. Fue inscrita en el Registro del Estado Civil de Yareyal, Distrito Judicial de Holguín, Oriente, Cuba. Cuba es un país insular, rodeado por agua, emplazado en el Caribe. El país está formado por la isla principal (Cuba), la Isla de la Juventud, y varias islas más pequeñas, La Habana es su capital.

La inscripción de nacimiento de Exilda dice que nació en San Lorenzo, pero su mamá decía que nació en Mir. La localidad de Mir se encuentra situada al suroeste de la provincia de Holguín y al sureste del municipio Calixto García. Holguín es una de las 16 provincias, (o estados), actuales en Cuba. Buenaventura es la cabecera municipal del municipio de Calixto García y Mir está localizada al sur y ubicada al lado de la línea central de ferrocarril que atraviesa el territorio; al igual que la Carretera Central, este ferrocarril conecta con las ciudades de Holguín y Las Tunas.

En ese tiempo Holguin no era una provincia sino una ciudad en la provincia llamada Oriente

En ese tiempo Holguín no era una provincia sino una ciudad en la provincia llamada Oriente. (Una provincia es un estado, que en Cuba se le llama provincia)

Las Casimbas en aquellos días en la Provincia de Oriente

Después, dentro de la provincia de lo que en ese entonces era llamada Oriente, la familia se fue a vivir a Las Casimba, en el barrio de San Lorenzo, entre las ciudades de Holguín y Las Tunas, en «El Jiquí» en la finca de los Mora, en un lugar que está frente a la carretera central, a 45 minutos de la ciudad de Holguín, en los terrenos propiedad del abuelo del papá de Exilda (Avelino Mora), en donde también, por cierto, vivían los tíos de su papá. Fue allí en donde vivió aquella familia de cuatro.

Exilda, cuando estaba muy pequeñita, solo pudo ir a la escuela por muy breve tiempo, por lo que su papá comenzó a enseñarle a leer en casa.

Exilda Mora Fernández

Exilda con su papá Arsenio P. Mora Sr. y su hermanito

Jagüeyes, en aquellos días en la Provincia de Oriente

Mas tarde, la familia se fue a vivir a Jagüeyes, lugar que entonces pertenecía al municipio Calixto García, (hoy, Holguín), en la propiedad de su tío Pepe. Su papá sembraba y cosechaba aquellas tierras y criaba puercos y gallinas; también tenía una vaca para la alimentación de la familia. Allí vivieron hasta los 10 años de Exilda. En Jagüeyes no había escuelas, por lo que su papá, cuando iba a Holguín a vender sus cosechas, le compraba uno de los libros de lecturas que vendían por grados; y cuando ella lo leía todo, su papá le decía: «Ya pasaste de grado». Así, cada vez que Exilda leía uno de esos libros, su papá le compraba el siguiente libro de grado: primero, segundo, tercer grado, etc.

Los padres de Exilda practicaban el espiritismo, práctica que transmitieron a ella y a su hermano menor, Arsenio C. Mora Fernández (Arsenio hijo). El espiritismo es la creencia o doctrina que consiste en que los espíritus de los difuntos sobreviven a la muerte del cuerpo físico y pueden comunicarse con los vivos, sobre todo por medio de una persona a la que llaman médiums espiritistas. Entonces, en este tiempo, la familia visitaba los centros espiritistas cercanos y veneraba a la virgen de La Caridad del Cobre, y participaba en algunos de los métodos del espiritismo para invocar o «hacer venir» a los llamados por ellos, «a los espíritus buenos», (que hoy sabemos que son demonios) para que hicieran que los espíritus malos (también demonios), se alejaran de sus víctimas.

El método era hacer una rueda de personas, todas tomadas de las manos, las cuales daban vueltas mientras movían sus manos hacia arriba y hacia abajo y cantaban una canción. Así hacían venir a los llamados por ellos (los espíritus buenos), quienes, cuando llegaban, hacían que los posesionados cayeran al suelo, gritaran, y dieran sus mensajes.

En esos días, cuando la familia Mora Fernández vivía en Jagüeyes, alguien pasó en un caballo repartiendo unos volantes o tratados que hablaban del amor de Dios. Fue la primera vez que la familia Mora Fernández conociera algo del Dios de la Biblia; sin embargo, el hombre desapareció y no supieron más de él. Con todo, aquel tratado fue guardado por Exilda por años.

Exilda a los 10 u 11 años

En Jagüeyes el papá de Exilia amplió la casa, le agregó una sala y dos recámaras nuevas a los lados de ésta. Las paredes de la casa eran de tablas de palma, techo de guano y piso de tierra, piso que su mamá limpiaba regularmente con una mezcla de agua y ceniza a fin de que permaneciera endurecido y parejo; no obstante, aunque tardaba en secase, aquel piso se mantenía en buen estado por poco tiempo.

En aquel entonces, Exilda, siendo aun una niña de ocho o nueve años, era devota de la virgen de la Caridad del Cobre, la llamada patrona de Cuba; y la niña, en su inocencia, la dibujaba y ponía en las paredes. Fue también por este tiempo que la niña Exilda cayó en cama, con fiebre muy alta, por lo que sus padres llamaron a los líderes del espiritismo para que la atendieran; era a ellos a quienes la gente acudía en situaciones así, y les pagaban con gallinas o huevos de gallinas o algo de lo que cosechaban.

En aquella ocasión, y para la inauguración de la nueva construcción, sus padres pidieron que se hiciera una reunión espiritista. Allí, los espiritistas santiguarían también a Exilda para que fuese curada de su enfermedad. Uno de los llamados médiums en aquella reunión le dijo a Exilda que era muy amada por la Virgen de la Caridad y que iba a ser usada por ella; pero aquel hombre se equivocó porque Dios tenía grandes planes para Exilda, ella iba a ser usada por el Todopoderoso para servirle, y no por los demonios. Sus padres, hacían estas cosas y visitaban esos lugares porque creían que aquello era de Dios y que allí estaba Dios.

Isaías 8:19 dice: «Y si os dijeren: Preguntad a los encantadores y a los adivinos, que susurran hablando, responded: ¿No consultará el pueblo a Dios? ¿Consultará a los muertos por los vivos?». También Deuteronomio 18:10-12 dice: «No sea hallado en ti quien... practique adivinación, ni agorero, ni sortílego, ni hechicero, ni encantador, ni adivino, ni mago, ni quien consulte a los muertos. Porque es abominación para con Jehová cualquiera que hace estas cosas, y por estas abominaciones Jehová tu Dios echa estas naciones de delante de ti». (Vea también Ap. 21:8).

Cuando Exilda vivía en aquel lugar, en Jagüeyes, lugar en donde la población era quizás un 90% espiritista, escuchaba historias de otras

Mapa político de Cuba

muchachas quienes, acorraladas por los problemas o decepcionadas de la vida, se bañaban de alcohol y después se prendían fuego; esa era la forma de resolver sus problemas. En ese tiempo y a esa edad, Exilda pensaba que sería muy bueno que todo se terminara simplemente quitándose la vida, «¡qué bien! ¡te prendes fuego y todo se termina!» —pensaba; sin embargo, ella aún no conocía nada de la Biblia, ni de sus enseñanzas. La Biblia nos enseña que nuestra vida pertenece a su Hacedor y que ninguno está autorizado para ponerle fin. Solo Dios sabe lo que es mejor, y su tiempo —incluso el tiempo para morir, el que Él ha establecido para cada uno— es el tiempo perfecto. Eclesiastés 8:8a declara: «No hay hombre que tenga potestad sobre el espíritu para retener el espíritu, ni potestad sobre el día de la muerte...». Es Dios quién establece el día de nuestra muerte; por tanto, el suicidio y la eutanasia (el suicidio asistido médicamente) son medios que el hombre utiliza para oponerse a la autoridad de Dios sobre el día de su muerte.

La ciudad de Florida
(la que pertenecía a la Provincia de Camagüey)

Así transcurrieron los años, hasta que, en 1950, cuando Exilda tenía diez años de edad, la familia se mudó a una ciudad en otra provincia, la cual se llama Florida; ciudad que aquel tiempo pertenecía a la provincia de Camaguey, Cuba.

Arsenio Pantaleon, el papá de Exilda, decidió que la familia se fuese a vivir a esa pequeña ciudad debido a las sugerencias de su hermano gemelo Arturo, quien habiendo abandonado a su esposa e hijo (Arturito), había conseguido un trabajo allí, en una fábrica de queso. El consejo de Arturo para Arsenio era que dejara de sembrar la tierra y se mudara a Florida para trabajar con él.

Al principio, Arsenio estuvo trabajando en la zafra azucarera (en la cosecha de la caña), hasta que su hermano le consiguió trabajo en la fábrica de queso. La fábrica se llamaba Otero, y estaba en la carretera central, entre las ciudades de Florida y Camaguey. Así, el papá de Exilda, Arsenio Pantaleon Mora Rosal, trabajó en esa fábrica por el resto de su vida, hasta que se retiró. Asimismo, su hijo Arsenio trabajó en la fábrica de queso. No obstante, Arsenio hijo, mostrando gran capacidad, con el tiempo consiguió un puesto en el laboratorio y más tarde llegó a ser el contador de la empresa. Allí trabajó Arsenín (como le llamaban sus allegados), hasta que salió de Cuba, el 19 de abril de 1984.

Lo primero que hizo la familia al llegar a aquella pequeña ciudad fue buscar el centro espiritista; y lo encontraron en un lugar llamado Monte Oscuro. Sin embargo, en ese lugar, la madre de Exilda, Gracia Nila Fernández Vargas (quien tenía grandes dudas respecto a si el espiritismo era algo realmente de Dios), se decepcionó al ver una estremecedora escena: ella vio cuando a un muchacho flaquito y sin camisa le pegaban con ramas de albahaca mojadas supuestamente para «sacarle los malos espiritus» (por supuesto, hoy sabemos que lo que tenía aquel muchacho eran demonios, y que las ramas de albahacas jamás podrían hacerle libre; y lo peor de todo era que, tanto los «buenos espiritus» que aquellos médiums decían tener, como «los malos», los del muchacho, todos eran demonios). La madre de Exilda entonces, cuando vio lo que hacían y oyó lo que decían los llamados buenos espíritus cuando se manifestaban, decidió no ir más a aquel lugar sino buscar una iglesia (una iglesia católica, pensaba ella), para ver si allí encontraba lo que estaba buscando: la paz con Dios y el acercamiento a Él.

En 1951, cuando Exilda Eufemia tenía once años y su hermano Arsenio C. nueve, escucharon por primera vez el evangelio de Cristo. Como nunca habían ido a la escuela pública, fueron matriculados en una escuela secular privada en la ciudad de Florida; y ahí la maestra, quien era cristiana, les compartió del Señor. Entonces ella, al ver el interés que los niños mostraron, les pidió que invitaran a su mamá a asistir al servicio del siguiente domingo en la iglesia, prometiéndoles pasar por ellos para acompañarlos.

Los niños entonces, insistieron a su mamá para que asistieran juntos a la iglesia; ella aceptó, y tanto la madre como los hijos, estuvieron alistados el siguiente domingo, esperando a la maestra y a sus hijas para encaminarles al servicio. No obstante, ellas no llegaron, se les olvidó quizás; así que —en lugar de desanimarse— ellos emprendieron la caminata solos, y solos llegaron a la iglesia. Ese día, el día de la primera visita de la mamá de Exilda a la iglesia cristiana, ella aceptó a Cristo. Y después de esto, cada domingo que se hacía el llamamiento a aceptar al Señor, ella pasaba al frente, y lo continuó haciendo hasta que la pastora le dijo que ya no era necesario que lo hiciera.

Aquella iglesia cristiana se llamaba Iglesia Evangelica Pentecostal de las Asambleas de Dios en Cuba, y era pastoreada por la misionera puertorriqueña Belen Nieves y su ayudante Lutgarda Zayas. Belén Nieves procedía de la iglesia *Juan 3:16* en Nueva York, y había sido llamada por el Señor cuando, en una noche de vigilia, en el año 1935, Dios le había mostrado un cartel con las palabras «Camagüey, Cuba». Desde aquel día, la madre de Exilda y sus niños abrazaron el evangelio con gran devoción y entrega. Esto fue el 10 de febrero de 1951, y la familia después de esta fecha, luego juntamente con el papá, continuaron asistiendo regularmente a la iglesia. La hermana Belén, ya para ese entonces, había fundado otra iglesia en la ciudad de Camaguey, y ahora estaba en la ciudad de Florida fundando otra. (Después de esta, fundó una más en Céspedes, una pequeña ciudad cercana a Florida).

La iglesia de Florida tenía en aquel tiempo una cadena de oracion las 24 horas; y les enseñó a los nuevos convertidos a dejar a un lado las novelas para dedicar al menos una hora diaria a la oracion. También, al pedir a las sociedades de la iglesia (damas, varones y jóvenes) que en sus servivios reportaran el número de capítulos bíblicos leídos y de tratados repartidos, los preparó para el hábito de la lectura y el estudio diario de la Biblia, y para la evangelizacion.

Exilda, su mamá y su hermano se bautizaron; y Exilda, desde muy temprana edad, comenzó a trabajar por el Señor junto con dos compañeras: ellas repartían tratados cristianos por las calles. Una de estas compañeras fue Magdala Fe Cicilia, la hija de crianza de la directora de la escuela secular. Magdala Fe, con el tiempo, llegó a ser pastora en Cespedes, Camagüey, y continuó sirviendo en el pastorado hasta que quedo viuda. También Exilda, acompañada por su hermano Arsenio, sirvió enseñando a los niños en las Escuelas Dominicales que había en varios puntos de la ciudad, algunas se hacían en los hogares de los hermanos y aún otras debajo de árboles.

De 1952 a 1959, durante aquellos primeros años de Exilda en la iglesia de Florida en Camagüey, Cuba, la iglesia estuvo pastoreada por varios hermanos. Había sucedido que, cuando la hermana Nieves quiso ir a su país por un tiempo, dejó al frente de la obra a su sobrino Rafael Maldonado; pero éste, a su regreso, no quiso dejar de pastorear la iglesia. Así que, la hermana Belén se fue de ahí a Céspedes y abrió otra obra allá. A Rafael Maldonado le siguió Fernando Nieto (1955), y los siguientes pastores fueron

Albenis Valdes, René Abreu, y José Leyva (aunque quizá sus nombres no estén en orden de sucesión).

Durante el pastorado de estos hermanos, Exilda, su mamá y su hermano permanecieron fieles al Señor. El papá de Exilda, aunque dejó el espiritismo y logró abandonar el tabaco, después de un tiempo ya no fue mas a la iglesia; sin embargo, los demás

Exilda Mora Fernández, con su mamá Gracia Nila Fernández Vargas, y su hemano Arsenio C. Mora Fernández

miembros de aquella familia fueron fieles y Exilda continuó trabajando dando clases de escuela dominical en los hogares y debajo de los árboles en los barrios aledaños a la iglesia, y su hermano la acompañaba en la mayoria de estas actividades. Con el tiempo, Exilda comenzó a predicar en los servicios de hogares y desarrollaba tópicos en los servicios de jóvenes. Mas tarde sirvió como presidenta de los jóvenes y finalmente, fue invitada a predicar en los servicios regulares de la iglesia. También, por un breve tiempo, Exilda ayudó al pastor Albenis Valdez en un programa de radio llamado *Emanaciones del Calvario*; este programa se trasmitía desde una emisora local que el pastor Fernando Nieto había iniciado en aquella pequeña ciudad.

La ciudad de Manacas
(la que pertenecía a la Provincia Las Villas)

Por este tiempo, una inquietud comenzó a embargar el corazon de Exilda, y por ello oraba: ingresar al Instituto Biblico Pentecostal de la Iglesia Evangelica Pentecostal de las Asambleas de Dios en Cuba, el cual se localizaba en Manacas, en la Provincia (o Estado) de Las Villas. El pastor de la iglesia de Florida, el hermano Albenis Valdés, por ese tiempo le aconsejó que no fuera; sin embargo, Dios le abrió las puertas, y debido a la intervención de su madre, su hermano Arsenio C. Mora, le pagaría las clases. Eran $15.00 pesos cubanos mensuales lo que era necesario pagar. Aunque Exilda no recuerda por qué su pastor le aconsejaba no ir al instituto, su llamado era evidente y su inquietud persisitía, asi es que, en septiembre de 1959, a sus 19 años, Exilda ingresó en el progama de internado de dicha institucion. Allí permaneció estudiando de 1959 a 1962.

Mordazo y Santo Domingo en la Provincia de Las Villas, Cuba

En 1962, al finalizar su segundo año de estudios bíblicos en Manacas, Exilda comenzó su año de prácticas junto con otra

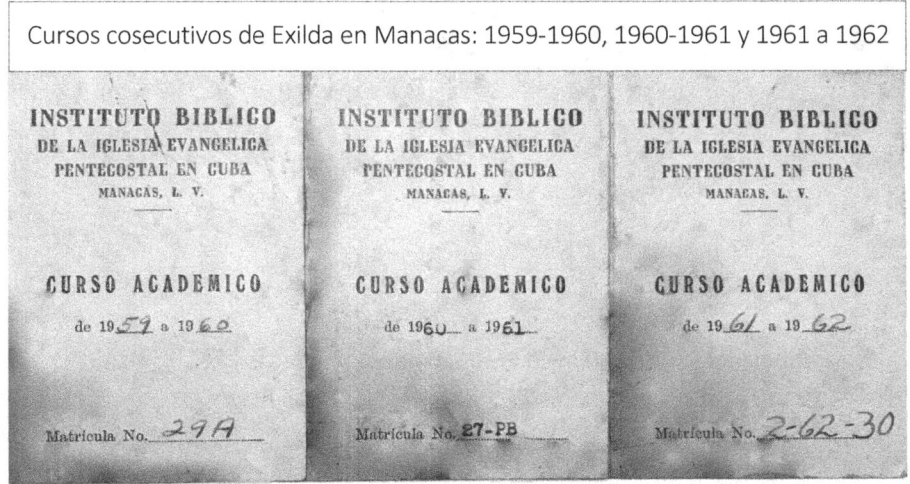

Cursos cosecutivos de Exilda en Manacas: 1959-1960, 1960-1961 y 1961 a 1962

Instituto Bíblico Pentecostal (Asambleas de Dios en Cuba), Manacas (Provincia Las Villas)

Alumnos del Instituto Bíblico Pentecostal en Manacas Las Villas, Cuba. Exilda es la cuarta (de izquierda a derecha) en la fila de las damas

compañera de estudios llamada Inés María Reyes; esto fue en una pequeña ciudad en las cercanías del Instituto Bíblico Pentecostal en Manacas, esta ciudad se llamada Mordazo. Mordazo está situada en lo que hoy es Villa Clara, Cuba, un pueblito ubicado a medio camino entre Cascajal y Manacas. Se trata de una comarca de tierra roja, poblada por agricultores y gente humilde.

En 1962 Exilda recibió sus primeras credenciales de ministro, en aquel tiempo otorgadas por la Iglesia Evangélica Pentecostal en Cuba (era necesario tener estas credenciales para hacer el año de prácticas del instituto). Luego, la hermana Exilda continuó renovando sus credenciales por diez años, de 1962 a 1971, hasta que salió del país. Los primeros cinco años fueron como ministro nacional y los últimos cinco como ministro licenciado. Todas sus credenciales fueron firmadas por el superintendente en turno, el Rev. Eolayo (Olallo) Caballero, y por varios secretarios, siendo las últimas cinco firmadas por el secretario Francisco Quintero. (Véase en la foto la primera y la última de las diez credenciales recibidas).

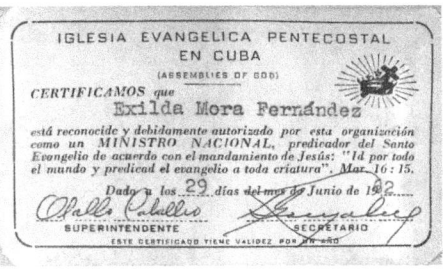

La primera y la última de las credenciales recibidas
(por delante y por detrás)

Exilda no pudo terminar su año de experiencia (o prácticas) en Mordazo debido a que, por problemas familiares, su compañera Inés no pudo continuar en el Instituto; por lo tanto, cuando Exilda se quedó sola en ese lugar, el presbitero de aquella localidad, el hermano Carlos Anderson, decidió enviarla a otra ciudad —tambien cerca de Manacas—, a la ciudad de Santo Domingo, con el pastor Ángel Lopez Flores y su esposa Lilian Escobar; su misión era colaborar con el trabajo pastoral allí. Así fue como Exilia terminó su año de prácticas. Después de que pasó el año de prácticas, Exilda ingresó de nuevo al Instituto Bíblico para concluir su último año de estudios.

Nuevamente en Manacas, Provincia Las Villas, Cuba

El lunes 25 de febrero de 1963 Exilda comenzó su tercer año de estudios bíblicos. Y tuvo que ser así porque, debido a que el primer año de Exilda en el Instituto se consideró preparatorio, no contaba para lograr los tres años requeridos para la graduación. En ese año Exilda habría de graduarse junto con tres de sus compañeros: Benigno Acosta, Manuel Rojas y Luisa Rojas; no obstante, algo sucedió por ese tiempo que hizo que la graduación se suspendiera.

Habían pasado tan solo 12 días desde el inicio de las clases, cuando en la madrugada del 15 de marzo de 1963, después del discurso pronunciado por Fidel Castro dos días antes (el 13 de marzo de 1963), el instituto fue intervenido y ocupado por el gobierno. En aquella madrugada entraron al instituto bíblico los efectivos del ejército del gobierno, quienes, con la excusa de que el director norteamericano Floyd Woodworth era agente de la CIA, se lo llevaron preso, mandaron a los estudiantes a sus casas, y se posesionaron del lugar.

San Antonio del Sur, Oriente

En 1963 Exilda regresó a su casa en Florida, Camaguey; y tiempo después, asesorada por el presbítero, fue a pastorear una

Floyd Woodworth

pequeña iglesia en San Antonio del Sur en Oriente, Cuba. San Antonio del Sur es hoy un municipio de 26,457 habitantes, ubicado en la provincia de Guantánamo (en el extremo sureste de la República de Cuba). Es un territorio con costas, llanos, valles, montañas y fértiles tierras; de hermosos paisajes naturales y ricas tradiciones históricas y culturales. Antes de llegar a San Antonio, Exilda viajó en autobús de Florida a Guantánamo, pues Guantánamo le era un paso obligado. En esa ciudad fue recibida en casa de los pastores José Ramón Álvarez García y su esposa Arminda García Martínez. El hermano José Ramón era el presbítero de aquella zona, asi que, después de que Exilda estuviera unos dos días con ellos, y de predicar un dia allí, José Ramón la encaminó hasta San Antonio del Sur (pues ese lugar se ubica cerca de la ciudad de Guantánamo, a unos 63 km al este); y allí la instaló.

Guantánamo es hoy una provincia, la más al oriente de Cuba, y su capital también se llama Guantánamo. En San Antonio del Sur la iglesia tenía su local propio y su casa pastoral, pero Exilda vivió

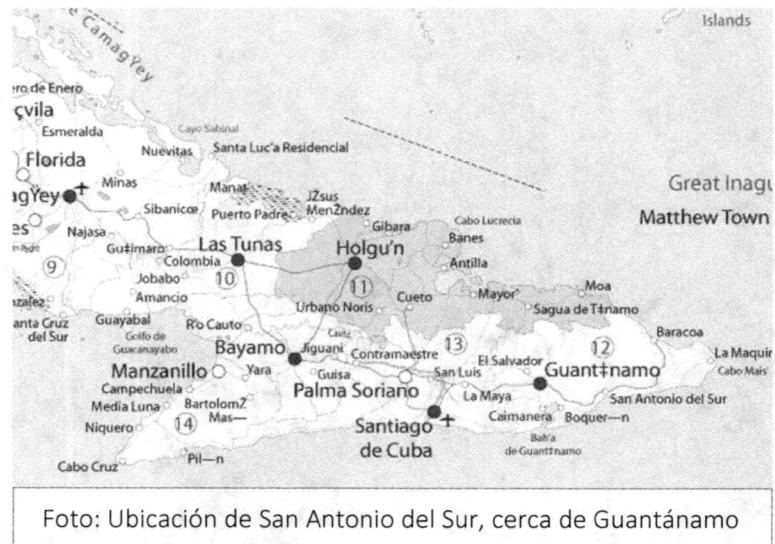

Foto: Ubicación de San Antonio del Sur, cerca de Guantánamo

en la casa de uno de los matrimonios de la iglesia, en donde los cangrejos rondaban la casa y había que cuidarse de ellos. Este matrimonio tenía tres hijas, la mayor Loida, de unos nueve años y las más pequeñas Lury y Lesbia. La congregación era conformada por dos matrimonios, un hombre soltero y un invalido en silla de rueda el cual era un visitante no convertido.

Foto: San Antonio del Sur se encuentra no muy lejos de la Base Naval de EE.UU. en Guantánamo

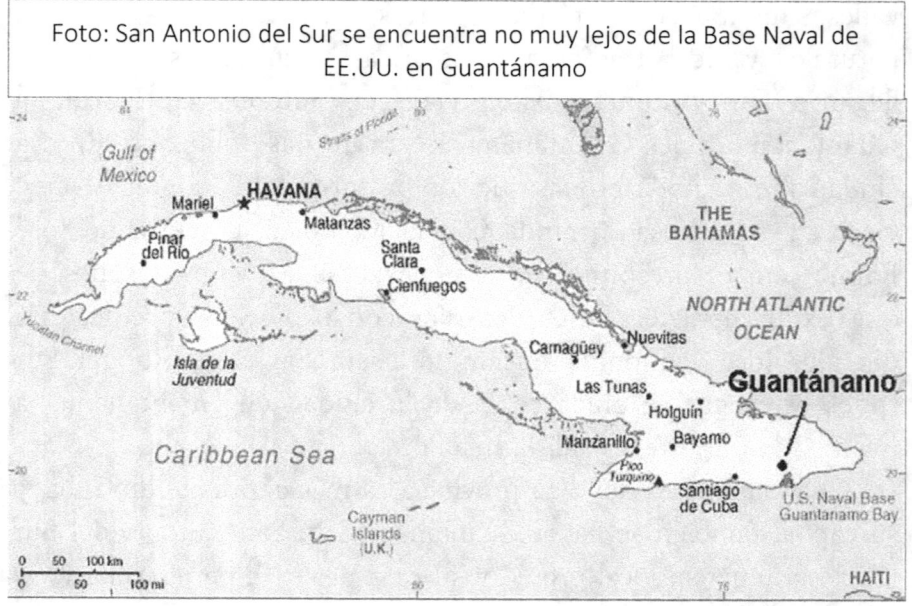

Exilda estuvo en San Antonio del Sur por varios meses, hasta que el hermano Carlos Anderson Francis, presbítero de zona, le informó que ya todo estaba listo para que tanto ella como los otros tres estudiantes de último año, cuyos estudios fueron interrumpidos aquel 25 de febrero de 1963, continuaran estudiando en el Seminario de la Iglesia del Nazareno, en la ciudad de La Chorrera, Provincia de la Habana, Cuba.

La Chorrera, La Habana, Cuba

Fue entonces que en el año 1964 Exilda ingresó en el Seminario de la Iglesia del Nazareno en La Chorrera, Provincia de La Habana. Al llegar a ese lugar, ella esperaba encontrarse con los otros tres compañeros suyos, los que habrían de graduarse con ella; sin embargo, ninguno de ellos llegó.

Al fondo, la montaña Pan de Azúcar, ubicada en San Antonio del Sur

Pues bien, continuó Exilda sus estudios en La Chorrera, pensando que terminado el año se graduaría; pero al final del curso, los directivos del seminario le informaron que debía cursar un año más para poder graduarse; fue entonces que Exilda continuó estudiando un año mas en ese centro de estudios, a fin de lograr su objetivo.

La Iglesia del Nazareno es una denominación cristiana que surgió del llamado Movimiento de Santidad del siglo XIX en Estados Unidos. Sus miembros son conocidos como *los nazarenos*. Su doctrina sobre el Espíritu Santo es diferente a la doctrina Pentecostal, pues ellos creen en algo a lo que llaman «entera santificación». Según su punto de vista, cuando un creyente recibe esta «entera santificación» es liberado totalmente del pecado original. «La entera santificación» tiene para ellos otros nombres

Ubicación de La Habana

tales como «plena santificación», «pureza de corazón», o bien, «bautismo del Espíritu Santo». Este nivel de santidad, dicen ellos, lleva al creyente a un estado de entera devoción a Dios y a una obediencia perfecta.

Esto quiere decir que cuando los nazarenos hablan del bautismo del Espíritu Santo se refieren a una experiencia de limpieza del corazón (del pecado), y no a la llenura del Espíritu Santo con la evidencia inicial del hablar en lenguas, como creen los pentecostales. Ellos, al final de sus predicaciones, casi siempre hacen un llamado a pasar al frente para que los hermanos reciban la plena santificación, los que no la tengan todavía. Sin embargo, aunque es de suponerse que en su seminario ellos enseñaban su doctrina, en el tiempo en que Exilda estuvo allí, la clase llamada «santidad», en donde se estudiaba la base de su doctrina, no era obligatoria para los estudiantes pentecostales. Siendo este el estado de cosas, los cuatro estudiantes pentecostales que estudiaban en ese lugar se apoyaban entre ellos mismos y se ayudaban los unos a los otros para no afectar su creencia original.

Los estudiantes pentecostales del segundo año en el Seminario Nazareno en La Habana, Cuba, eran dos hombres y dos mujeres. Ellos fueron quienes habían llegado de iglesias pentecostales que en ese momento no tenían sus propios seminarios. Y estos eran (vea la fotografía) de izquierda a derecha: Bernardo Fernández y Jacobo

Seminario Nazareno en la Habana, en el segundo año de Exilda, cuando estaba en La Chorrera. Aquí Exilda (de izq. a der.) es la séptima en la fila de las mujeres que están de pie; y Jacobo (el que llegó a ser su esposo) es el tercero de la fila de los hombres de pie (de izq. a der.)

Martínez (primero y tercero de la fila de los hombres de pie); e Ileana Castillo y Exilda Mora Fernández (sexta y séptima en la línea de las mujeres de pie).

Y fue en el tiempo en que Exilda estudiaba en este lugar que conoció al que sería su esposo, a Jacobo Martínez; él era uno de los estudiantes pentecostales de aquel año y con él se comprometió en matrimonio en los últimos días del último año.

Acontecimientos inesperados que propician el éxodo de los cubanos

Dos acontecimientos providenciales, ambos ocurridos en 1965, hicieron posible que Exilia saliera de su país, Cuba. El primero se refiere a una orden del gobierno cubano que daba permiso a sus ciudadanos a abandonar el país; y el otro, a un acuerdo cubano-americano que facilitaba su inmigración. En este último todos los nacionales que quisiesen salir de Cuba encontrarían asilo político en Estados Unidos (debido a un proyecto de ley lanzado por

Lyndon B. Johnson); y también, estas personas podrían volar de Cuba a Miami, Florida gratuitamente.

Estos acontecimientos en la vida política del país, ocurridos cuando Exilda estaba estudiando en el seminario de los nazarenos, fueron claves para dar un giro muy importante no solo a la vida de Exilia, sino a la de miles de cubanos.

El puerto Boca de Camarioca

El puerto Boca de Camarioca se localiza actualmente en la Provincia de Matanza; y fue ahí donde tuvo lugar un acontecimiento muy importante en la historia de Cuba. En un acto público, celebrado en La Habana el 28 de septiembre de 1965, el presidente cubano Fidel Castro anunció que el puerto de Boca de Camarioca sería abierto para todos aquellos que desearan emigrar del país junto con sus familias. El presidente fijó un plazo que comenzaría el 3 de octubre y estaría en vigor hasta el 15 de noviembre. Este fue el primer éxodo masivo autorizado por el gobierno comunista cubano, al que se sumarían, años más tarde, otros éxodos: el de Mariel en 1980 y el de la crisis de los balseros en 1994.

Ubicación de Boca de Camarioca en la Provincia de Matanzas

Los cubanos que entre el 28 de septiembre y el 15 de noviembre de 1965 dejaron atrás su patria buscando refugio en Estados Unidos recordarán cuando un nombre —Camarioca—, era pronunciado por prácticamente todos los habitantes de la isla

Cerca de 3,000 cubanos respondieron al llamado; y en los siguientes días, tanto los buques nacionales como las embarcaciones enviadas por la comunidad de exiliados cubanos en Miami, cooperaron para que los inmigrantes pudiesen llegar a salvo a las costas norteamericanas de La Florida. El gobierno norteamericano alquiló también yates y buques comerciales para apoyar el éxodo; y otras 2,000 personas salieron de Cuba en los días posteriores al cierre del puerto, debido a la gestión de representantes europeos en La Habana.

«Los vuelos de la libertad»

Este fue un acontecimiento bastante significativo para Exilda y para la vida de muchos cubanos. Un memorando de entendimiento con el gobierno cubano, firmado por la administración del entonces presidente de EE.UU., Lyndon B. Johnson, reemplazó la flotilla

Por esta vía salieron 2,979 cubanos, y otros 2,104 se quedaron en Camarioca hasta que fueron recogidos en barcos alquilados por el gobierno de Estados Unidos

marítima por un programa de vuelos directos entre Varadero y Miami. Estos vuelos estarían transportando mensual-mente entre 3,000 y 4,000 refugiados cubanos. A estos vuelos se les llamó «los vuelos de la libertad».

El éxodo masivo que fue detonado por el decreto presidencial y que tuvo efecto aquel 3 de octubre de 1965, abriendo el puerto de Camarioca, tuvo un impulso poderoso mediante la firma de un acuerdo entre los representantes de Cuba y EE.UU. el 6 de noviembre de 1965 para lo que se llamó «los vuelos de la libertad». Estos vuelos se prolongaron hasta 1973, llegaron a transportar a 300,000 cubanos, y tuvieron un costo aproximado de 12 millones de dólares para el gobierno norteamericano (equivalente a unos 110 millones de dólares en 2022).

El primer vuelo de este tipo se efectuó el 1 de diciembre de 1965, dando inicio a la mayor operación de transporte aéreo de

Lyndon B. Johnson, presidente de EE.UU. (1963-1969)

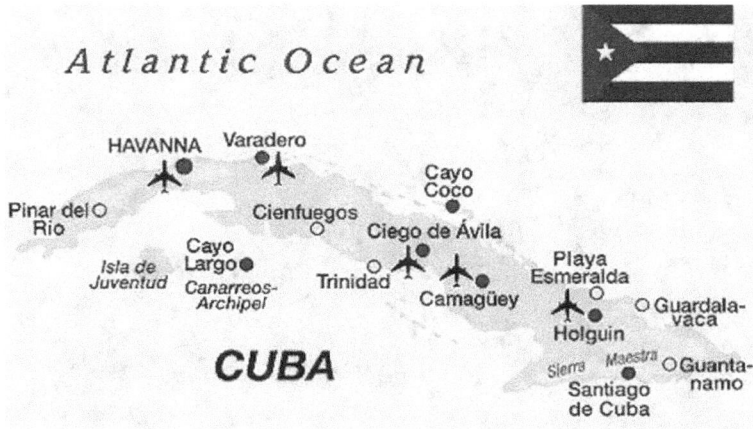

Vuelos de Varadero, Cuba (ubicado a 36 km de la ciudad de Matanzas) a Miami, Florida

refugiados que ha tenido lugar en Estados Unidos. Las compañías estadounidenses Eastern Airlines y Pan American Airways estuvieron a cargo del traslado de los cubanos.

En ese entonces Exilda estaba interna en el Seminario Nazareno. Y fue a fines de 1965 (o a principios de 1966), cuando ella, por sugerencia de su mamá y de su hermano, quiso participar en el programa de «los vuelos de la libertad». Por ese tiempo su mamá y su hermano, quienes vivían en Florida, Camagüey, se habían inscrito ya en el programa; y en una carta dirigida a Exilda, le pedían que ella hiciera lo mismo. Entonces Exilda, en ese momento soltera y sin compromiso, fue y siguió las instrucciones que su familia le había dado.

Rocaford, La Habana, Cuba

Y mientras todo esto ocurría en el mundo secular, en el Seminario Nazareno en La Chorrera, La Habana todo seguía su curso; así que, tal y como ocurría en el Instituto Bíblico Pentecostal de Manacas, todos los fines de semana, a cada par de estudiantes, le era asignado predicar en alguno de los puntos de predicación que había en los alrededores de la escuela, o bien, debería ir a abrir nuevos centros de predicación. En el primer año, Exilda trabajó

San Miguel del Padrón es uno de los quince municipios que integran la Provincia de La Habana. Se ubica geográficamente al sureste de la Bahía de esta provincia

predicando en varias de las iglesias del Nazareno. En ese tiempo, el director del Seminario Nazareno era Julio González y su esposa Martha; y el superintendente general de la Iglesia del Nazareno en Cuba era Hildo Morejón.

Estando Exilda ocupada en el trabajo por el Señor en tales iglesias, el presbítero de la Iglesia Evangélica Pentecostal de las Asambleas de Dios, Sección de La Habana, le asignó una obra en Rocaford, que es un Consejo Popular[1] de los seis del municipio de San Miguel del Padrón, el cual limita al Norte con el municipio de Regla, y al Este con el municipio Guanabacoa y la Ocho Vías, esto es, en La Habana.

Cada fin de semana Exilda iba y servía en aquel lugar, haciendo visitas y atendiendo los servicios en la pequeña iglesia que había ahí. En esa bella iglesia de Rocaford, cada Domingo, una hermana le

---

[1] El Consejo Popular, según la definición de la Fiscalía General de la República de Cuba, es un órgano del Poder Popular, local, de carácter representativo, investido de la más alta autoridad para el desempeño de sus funciones (vea https://www.fgr.gob.cu/sites/default/files/Ley%2091Consejos%20Populares_0.pdf)

preparaba a Exilda su comida, y cuando llegaba ella, la comida estaba lista. La iglesia tenía su propio sitio para celebrar los servicios y un órgano musical propio. Se entraba por el baño y entonces,
desde adentro, se abría la puerta del frente, la cual era una cortilla de acero enrollable. Los asistentes a los cultos eran mayormente adolescentes y niños, pues la hermana que preparaba a Exilda la comida no asistía.

El Vedado, La Habana, Cuba

En 1966, antes de que Exilda se graduase del Seminario Nazareno, había recibido la invitación de los pastores Humberto y Mirella Martínez (en ese tiempo, pastores de la Iglesia Evangélica Pentecostal de las Asambleas de Dios en el Vedado, La Habana), para que, al graduarse, se fuera a vivir con ellos; pues ellos estaban planeando salir de Cuba rumbo a España, y deseaban que Exilda continuara allí con el pastorado. Exilda aceptó, y al graduarse del Seminario Nazareno, se fue a vivir con ellos, en la calle 26 entre 17 y 19 en el Vedado, La Habana.

Pues bien, llegado el tiempo, Exilda se graduó del Seminario Nazareno y se fue a vivir con los pastores Martínez. Poco tiempo después, ellos emigraron a España y Exilda se quedó al frente de la obra en ese lugar. La iglesia del Vedado estaba en la planta baja de un edificio de tres pisos; ahí estaba el santuario y la casa pastoral; y en el mismo espacio de la casa pastoral, vivía también un matrimonio con su hijo, los cuales eran miembros de la Iglesia en Infanta y Santa Martha. Los pastores Humberto y Mireya Martínez, cuando se fue de ahí el misionero fundador de aquella iglesia, Waldo Nicodemos, invitaron a estos hermanos para que viviesen con ellos, quizá para que les ayudaran con el alquiler que pagaban por ese tiempo. Sin embargo, estos hermanos permanecieron viviendo allí por varios años, junto con las distintas familias pastorales que continuaron luego de que los Martínez abandonaran el lugar. Esta situación no fue favorable para el crecimiento de la iglesia del Vedado.

Como ya se ha dicho en esta historia, Exilda conoció a su futuro esposo, Jacobo Martínez, durante el tiempo que estuvo en el Seminario Nazareno, este era uno de los estudiantes pentecostales que había en el seminario. Estos dos, luego de haberse comprometido en matrimonio en el último año de Exilda, se casaron a finales del 1966, y juntos, pastorearon de 1966 a 1971, año cuando Exilda salió de Cuba.

Humberto Martínez Martínez, su esposa Mireya G. de Martínez y su niño Pablito

En 1971, al terminar su pastorado en el Vedado, Exilda y su familia estuvieron viviendo en la casa pastoral de una iglesia que estaba en una zona residencial llamada La Víbora, en La Habana; era una casa que por ese tiempo estaba desocupada. Ahí estuvieron hasta la salida de Exilda y las niñas (de la que se hablará más adelante). Quedaron en el Vedado el

El Vedado, La Habana, Cuba

pastor Efraín Acosta Acosta Sr. y su familia; y a estos les sucedieron otros, entre ellos, Albenis Valdez, Benjamín De Quesada (de 1978 a 1983), Enriqueta Pérez Romero, etc., hasta que, al fin, los problemas que había en ese lugar se arreglaron. Actual-mente, la organización pudo comprar el segundo piso del edificio en donde estaba esta iglesia del Vedado, lugar que, en los días de Exilda, vivía una mujer llamada Isabel. Esta era una mujer contraria al evangelio, y con frecuencia echaba agua de escaleras abajo para interrumpir los servicios. Actualmente, ese segundo piso se usa como casa pastoral y la planta baja para el santuario y varias aulas anexas.

Calle 26, entre 17 y 19, Vedado, Habana, Cuba

PARTE 2

Jacobo Martínez

Cienfuegos, Las Villas, Cuba

Jacobo Martínez Martínez, natural de la ciudad de Cienfuegos, en la antigua provincia de Las Villas, nació el 20 de marzo de 1937, en una familia de diez: el papá, la mamá, cuatro hermanas mujeres y cuatro hermanos hombres, siendo él el penúltimo de los ocho hermanos. Jacobo conoció al Señor a los 17 años, en una iglesia pentecostal libre en la ciudad en donde vivía en ese tiempo (1954). Su salvación tuvo lugar cuando él decidió asistir a la iglesia en donde se congregaba su hermano mayor, quien fue el primero en la familia en aceptar a Cristo como su Salvador y Señor.

La conversión de él y sus hermanos produjo grandes cambios en la familia, pues la familia tenía como negocio la venta de bebidas alcohólicas, y ahora, luego de su conversión, vendían frutas y verduras. No obstante, el cambio les vino bien, pues fue tanta la bendición que ellos tuvieron con el cambio de giro, que algunos primos vinieron de lejos a pedir que les compartieran la herencia que ellos pensaban que la familia de Jacobo había recibido. A ellos el padre —quien, por cierto, no se había convertido todavía—, les respondió: «No, ninguna herencia; es

que mis hijos están ahora en una religión que les ha traído prosperidad».
Y así había sido, pues Dios les abrió las puertas para conectarse con una compañía americana llamada Star Food Company, la cual les surtía de frutas y verduras (manzanas Red Delicious, peras, uvas, lechugas, etc.), para que las vendieran a las tiendas en calidad de distribuidores. Y esta misma compañía les ayudó para que compraran el edificio donde estaba el negocio de ellos para que fuese sede del negocio y vivienda. Este estaba en la esquina de Calzada y Gloria, allí, en Ciefuegos.

El pastor con quién se convirtió Jacobo Martínez fue Rafael Era Yeros, un pastor quien supo darle una buena formación espiritual; sin embargo, esta iglesia, la cual se reunía en la casa del pastor (en la calle Argüeyes No. 110 en Cienfuegos, Las Villas), estaba frente a la iglesia de la cual se había dividido, y cada año celebraba

Pastor Rafael Era Yero y su esposa Moraima en Cienfuegos, Las Villas, Cuba

su salida de Egipto, o sea, era única, no estaba afiliada a ningún concilio.

Esta iglesia con el tiempo no permaneció, pues era producto de una división de la única iglesia local de las Asambleas de Dios que en ese tiempo había en la ciudad. Tiempo después, la iglesia Asambleas de Dios en aquella ciudad construyó su propio templo en San Carlos y Esperanza, y ahí es donde se encuentra la iglesia actualmente. Se ha comprobado que por lo general las divisiones no permanecen, y así pasó con esta iglesia de Rafael Era Yeros; cuando el gobierno del momento quiso registrar la iglesia, él mismo la cerró para no tener que registrarla.

Congojas, Las Villas, Cuba

Pero cierto día, antes del cierre de aquella iglesia, cuando Jacobo tenía 19 años, su pastor anunció que un hermano llamado

Marcelino (quien también era pastor) había sido enviado al poblado de Congojas, el cual estaba cerca de Cienfuegos, para construir un parque; y dijo también, que mientras trabajaba construyendo el parque, había predicado allí y un grupo de personas había creído en el evangelio. Sin embargo, al terminar este hermano su trabajo allí, tuvo que irse, y no había quedado quien continuara atendiendo espiritualmente a aquel grupo. Fue entonces cuando el pastor Era Yeros preguntó si alguien de los presentes deseaba ir y dar alimento espiritual a estos nuevos creyentes. Jacobo entonces, levantando su mano, se ofreció para tal tarea; así fue como él comenzó su trabajo pastoral, con una tremenda pasión por las almas, pero contando tan sólo con las instrucciones y la supervisión y el apoyo del que era en aquel entonces su pastor.

El trabajo que Jacobo hizo de 1957 al 1959 en Congojas (cerca de Cienfuegos, en la provincia de Las Villas, Cuba) fue el primer trabajo que él hizo para la obra de Dios y el principio de su ministerio. Con su llegada allí hubieron nuevos convertidos, pero uno de ellos se destacó: fue un jovencito llamado Eusebio Pérez, al que llamaban «beibi» [*baby*]» quien vivía allí, solo con su papá, en aquel poblado de la Villas. Al principio, Eusebio apedreaba a los que se reunían en los servicios, pero después se convirtió, y Jacobo lo bautizó en el río de Congojas.

Algunas veces, al llegar Jacobo para celebrar el servicio, encontraba que no había llegado nadie (aunque salía primero a visitar y a invitar a la gente de aquel poblado, para animarles a asistir). ¡A veces parecía que él estaba perdiendo el tiempo allí!, sin embargo, él iba fielmente. Por ese tiempo Ildemia, la abuela de Eusebio —quien vivía al lado de la casa donde se daban los servicios— le decía: «Jacobo, váyace, que hoy no viene nadie». Pero él, en su mente, reprendía al enemigo, y continuaba llendo, aunque muchas veces regresaría a su casa muy tarde en la noche, pues el tren que pasaba no tenía hora fija, ni de salida ni de llegada.

Entonces, Eusebio (su primer convertido allí), más tarde se fue a vivir con su mamá (la cual estaba separada de su papá) a La Habana. Eusebio, al instalarse en La Habana, ya convertido, asistió a la iglesia de Infanta y Santa Martha de las Asambleas de Dios. Este, siendo un miembro fiel de esa iglesia, andado el tiempo se casó con Carmina Llensa, la pianista de la iglesia. Ella era una talentosa mujer, quien en las convenciones de la organización preparaba —en poco tiempo—, un coro emergente para cantar en la convención con los que llegaban de las diferentes iglesias.

Este matrimonio fue a Santo Suárez (barrio de La Habana) y pastorearon allí por un tiempo; y en abril de 1980 emigraron a Toronto para trabajar con el departamento latino de las Asambleas de Dios canadiense. Eusebio y Carmina en Toronto pastorearon una floreciente iglesia latina que llegó a tener 500 miembros. Asimismo, Eusebio llegó a ser coordinador y supervisor de 53 iglesias latinas; ya que este, cuando llegaban hermanos procedentes de los países latinos (p.ej. de Centro América) quienes en sus países de orígen habían sido pastores, les ayudaba para abrir sus propias iglesias. Así el pudo llegar a ser supervisor de todas esas iglesias.

Al pasar los años, la iglesia madre de Eusebio en Canadá, junto con las demás que se han adherido, han sido una bendicion para aquella iglesia en Congojas en donde él se convirtió; esta, por cierto, pronto se adhirió a las Asambleas de Dios de Cuba. También los hermanos en Canadá (los liderados por Eusebio) han sido de bendición para otras iglesias de los alrededores de Congojas, y estas, con la ayuda que han recibido de Canadá, hoy pueden tener casas propias para sus servicios (y digo *casas para las iglesias*, porque el gobierno de Cuba no permite construir templos nuevos). Estos lugares además de Congojas han sido: Cardenas, Roda, y un lugar en las afueras de Cienfuegos; tambien los hermanos en Canadá han ayudado mucho a la iglesia en Cartagena (todas estas iglesias están localizadas en lo que antiguamente era la provincia de Las Villas, en Cuba).

Alacranes, Sabanillas y Unión de Reyes (Provincia de Matanzas, Cuba)

De 1959 a 1965 Jacobo estuvo trabajando por el Señor al lado de Raúl Trujillo. Sucedió que la iglesia en Congojas (la cual por ese tiempo era una iglesia pentecostal libre, o sea sin concilio) confraternizaba con otras iglesias libres pentecostales presentes en los alrededores. Así, Raúl Trujillo, quien lideraba tres de esas iglesias en la provincia de Matanzas, conoció el trabajo de Jacobo en Congojas. Éste entonces pidió permiso a su pastor para invitar a Jacobo a trabajar con él en sus iglesias. Rafael, el pastor de Raúl aceptó (aunque no de muy buena gana); esa fue la manera en que Jacobo comenzó a trabajar como co-pastor de Raúl Trujillo en aquellas iglesias en los poblados de Alacranes, Sabanillas y Unión de Reyes en lo que era en ese tiempo la Provincia de Matanzas. Dios

Jacobo Martínez y Raúl Trujillo

bendijo y usó a Jacobo en su trabajo espiritual haciendo equipo con el hermano Raúl Trujillo en aquellos años, de 1959 a 1965.

En años recientes a la publicación de este libro, Jacobo realizó un viaje a Cuba. Ahí el presidente de esa organización pentecostal, Emilio Alonso, reportó que ese año ellos contaban ya con 60 iglesias, 300 ministros y obreros laicos, 250 casas de culto y un instituto bíblico en donde se imparten clases intensivas cuatro veces por semana, en varias provincias de la isla; en ese instituto bíblico, por esas fechas, había 80 estudiantes inscritos.

La Chorrera, La Habana, Cuba

Pero cuando Jacobo estaba sirviendo en aquellos lugares de Matanzas, tuvo la inquietud de preparase mejor, y no habiendo en aquel momento en su organización un seminario bíblico, decidió ingresar al seminario de la Iglesia del Nazareno. Fue en 1965 que Jacobo ingresó en aquel seminario nazareno en La Chorrera, que en aquel entonces pertenecía a la Provincia de La Habana. Allí Jacobo se caracterizó por ser una persona responsable e íntegra en todo, además, fue un hombre amable, alegre y de mucha oración. Y fue allí también, mientras estudiaba en este seminario en La Habana, que él conoció a la que sería su esposa, Exilda Mora Fernández, quien por ese tiempo cursaba su último año allí; y con ella se comprometió en matrimonio en los últimos días de aquel año escolar.

La UMAP, (Provincia de Camagüey, de 1966 a 1967)

Sin embargo, en junio de 1966, cuando Jacobo terminó su primer año en el seminario, sucedió algo inesperado: fue llamado por el gobierno de Fidel Castro para la UMAP (Unidades Militares de Ayuda a la Producción). Estos fueron campos de trabajo forzados que existieron en Cuba entre 1965 y 1968. A estos campos eran enviados mayormente jóvenes cristianos evangélicos, jóvenes católicos y testigos de Jehová, pero también homosexuales y personas que habían solicitado su salida del país (todos eran concentrados en el mismo lugar). A estos campos fueron enviados durante ese tiempo al menos 35,000 personas, de las cuales 72 murieron, otras 180 se suicidaron y 507 fueron ingresadas a hospitales psiquiátricos[2]. Los de la primera recogida sufrieron más que los de la segunda; sin embargo, aunque Jacobo estuvo entre los de la segunda, esta fue para él una experiencia dura e inolvidable.

En estos campos de concentración los recluidos eran maltratados y obligados a trabajar para el gobierno de 12 a 14 horas diarias, con una compensación de 7 pesos cubanos al mes. Este era el método

---

[2] Norberto Fuentes, Dulces guerreros cubanos (Key Biscayne, FL : Planeta Pub. Corp., 2001), pp. 300-303.

que el gobierno usaba para obligar a los reclusos a que cambiaran de opinión respecto al régimen comunista.

Jacobo estuvo cerca de ocho meses en la UMAP y en dos ocasiones tuvo permiso de salir 15 días. En su primera salida los hermanos Humberto Martínez Martínez y su esposa Mireya García (pastores de la iglesia del Vedado, casados desde 1960, y con quienes Exilda vivía) no habían salido del país todavía; y Exilda y Jacobo, —comprometidos después de la graduación de Exilda en 1966 del Seminario Nazareno— viajaron con ellos a diferentes lugares de La Habana.

Algún tiempo después, Exilda viajó de La Habana a Cienfuegos en Las Villas, para encontrarse con el hermano mayor de Jacobo, Eugenio Martínez, quien la acompañaría para ir a ver a Jacobo en la UMAP. El campo de concentración en que se encontraba Jacobo estaba entre el poblado de Jatibonico y la ciudad de Ciego de Ávila (en lo que era la Provincia de Camagüey), y gracias a un tiempo de visitas permitido a todos los reclusos, pudieron verlo.

El Vedado, La Habana, Cuba

En 1966, cuando ya los pastores de la Iglesia Evangélica Pentecostal del Vedado habían salido para España, y Exilda ya estaba instalada como pastora en ese lugar, todo fue preparado para su boda con Jacobo. Esto tendría lugar cuando su prometido saliera por segunda vez de la UMAP. Fue así como Jacobo tuvo permiso para salir por 15 días y se celebró en aquella iglesia del Vedado la boda. Esto fue el 17 de diciembre de 1966, en el mismo año de la graduación de Exilda del Seminario Nazareno.

La luna de miel de la nueva pareja fue en el Hotel Deauville. Este es un hotel histórico en el municipio de Centro Habana, ubicado a las orillas del malecón, en la Av. Galiano 1 (entre el malecón y San Lázaro, La Habana).

El Hotel Deauville es un hotel ubicado en una de las zonas más privilegiadas de La Habana. El hotel con 14 pisos y un ascensor, se encuentra en el centro de La Habana, y cuenta con unas magníficas vistas al mar, y está a solo 28 minutos en coche del aeropuerto de La Habana. El hotel es un hotel de tres estrellas ubicado a 1.6 km del malecón habanero.

Poco tiempo después dieron de baja a Jacobo de la UMAP debido a problemas de salud, y la Iglesia Evangélica Pentecostal en Cuba, Asambleas de Dios con sede en Infanta y Santa Martha, La Habana —una de las más grandes del país— le otorgó su credencial de ministro. Fue así como Jacobo y Exilda pastorearon juntos la iglesia del Vedado en La Habana por cinco años.

La boda fue oficiada por José Brito, pastor en aquel tiempo de la Iglesia Evangélica Pentecostal en Infanta y Santa Marta en La Habana (el pastor Brito pastorea actualmente la Iglesia Iberoamérica de Huntington Park, California)

En un viaje que hizo Jacobo a la isla, en el tiempo cuando el superintendente general de la Iglesia Evangélica Pentecostal en Cuba (Asambleas de Dios), era el Rev. Héctor Hunter (1997-2013), se enteró de los datos reportados del crecimiento de la organización en el país. Según ese reporte, por ese tiempo había 1,180 iglesias establecidas; 5,643 casas culto (osea misiones o servicios en los hogares); 2,080 ministros oficiales; 2,600 obreros laicos con funciones ministeriales; y 3,458 estudiantes de bachiller en teología.

Hotel Deauville

La iglesia del Vedado —que en aquel tiempo tuvo un rótulo al frente que decía: «Capilla Buenas Nuevas»— fue fundada por el misionero Waldo Nicodemos. El Vedado es hoy un barrio residencial ubicado en el municipio Plaza de la Revolución, en La Habana; un lugar que, por cierto, ha tenido un gran desarrollo económico, social y cultural, y ahí es donde se encuentra también la Administración Central del Estado. La iglesia del Vedado permanece hasta hoy, y se ubica en la planta baja de un edificio de tres pisos. Los hermanos que asistían a esa iglesia en el tiempo del pastorado de Jacobo y Exilda eran: Paulina con su hija Celeste; Luis García con su esposa Obdulia (a la que llamábamos Yuya, ella era profetiza); Julita con sus hijos; Gregorio

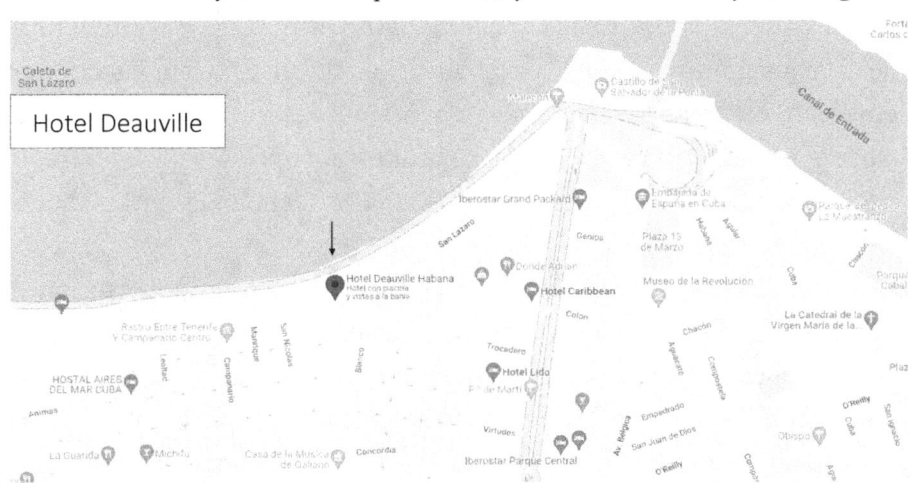

Hotel Deauville

Emilito (como le llamábamos, hijo de la hermana Lola)

con su esposa e hijos; la hermana de Gregorio; Manuela; José; Rita; Dolores (a quien llamábamos Lola) con su esposo Lito y sus hijos; y otros más. Uno de los hijos de la hermana Lola, Emilio (a quien llamábamos Emilito), tiene un testimonio muy hermoso, pues el día que se sentó al piano de la iglesia, lo comenzó a tocar sin haber recibido ninguna instrucción. Desde ese día, Emilito se convirtió en un músico sobresaliente y hoy es el pastor de la Iglesia Cristiana Bethel, Hermanos en Cristo; una floreciente iglesia en Miami, Florida.

Las Hijas

Mientras los pastores Exilda y Jacobo pastoreaban la iglesia del Vedado, La Habana (calle 26 entre 17 y 19), nació, en 1969, su primera hija, a quien llamaron Sara Ester. Ella nació en el hospital América Arias, en la «Maternidad de Línea» (como la conocen los cubanos por estar en la calle Línea, en La Habana).

En aquel tiempo, Exilda recuerda con cariño que ella preparó y llevó consigo una ropita para vestir a la criatura al nacer; sin embargo, en el hospital no aceptaban sino vestirla con la ropa que allí se ofrecía. El sexo de la criatura se supo luego que hubo nacido, pues en aquel tiempo no existía la tecnología para saberlo con anticipación.

Jacobo Martínez, el padre de la bebé, no estuvo en el parto, pues no se acostumbraba que los esposos estuvieran presentes en los partos de sus esposas. Ese día estaba lloviendo y la niña nació después de la media noche, pero esa noche no sería la única que Exilda pasaría en el hospital, pues, debido a las complicaciones del parto, ella tuvo que

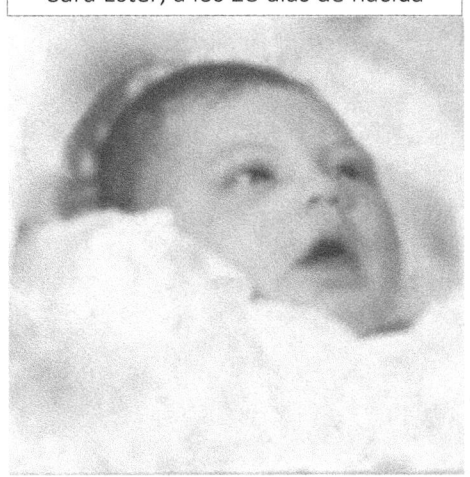

Sara Ester, a los 28 días de nacida

permanecer alrededor de diez días en el hospital antes de que la dejaran salir con su bebé. La ceremonia de presentación al Señor de Sara tuvo lugar en la iglesia del Vedado, y fue oficiada por el hermano Rev. Bernardo Amor Fernández; este era un hermano español quien por ese tiempo tenía el cargo de presbítero de la Sección de La Habana.

Sara, desde su temprana edad, es una gran predicadora. Sus padres cuentan que cuando tenía tan solo dos años de edad, estando ellos visitando a su abuela paterna en Cienfuegos, se paró en la escalera y con su lenguaje de bebé de dos años comenzó a predicar un sermón (según ella), desde entonces, todos pudieron darse cuenta de su llamamiento. Para la gloria de Dios, Sara, desde los 13 años, no ha dejado de predicar la bendita Palabra de Dios.

Al año siguiente, en 1970, estando los pastores Exilda y Jacobo Martínez todavía en aquella iglesia del Vedado, nació, el 23 de noviembre, su segunda hija, a quien pusieron por nombre Loida Lidia. Ella nació en el Hospital Materno «Clodomira Acosta Ferralez» mejor conocido como «Cardona» en el Vedado, La Habana, Cuba.

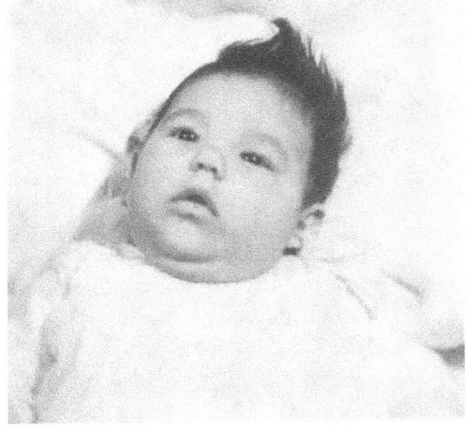

Loida Lidia, a los 40 días de nacida

En esa otra ocasión Exilda no llevó ropita para vestir a la segunda criatura que estaba por nacer (pues en el parto anterior no le habían dejado usar la que llevó); sin embargo, la política de este hospital era distinta y ellos no proveían ropa a los recién nacidos. Con todo, dada la situación, excepcionalmente el hospital proveyó ropita para Loida. El sexo de la criatura, como ocurrió con la primera, no se supo hasta que nació; y tampoco el padre, por los motivos ya mencionados, no estuvo presente en el parto.

> Los hospitales obstétricos en donde nacieron las dos niñas, están en este mapa

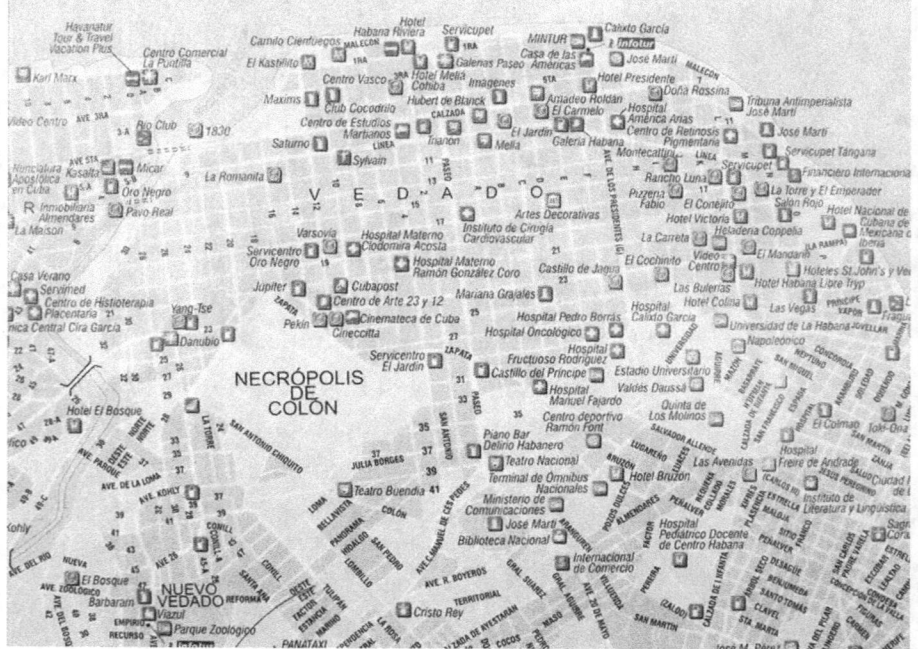

PARTE 3
Salida de Cuba

La salida de Exilda

El 29 de julio de 1971 Exilda y sus dos niñas dejaron su país natal, Cuba, aprovechando uno de esos vuelos llamados «los vuelos de la libertad». Estos vuelos, como ya se ha dicho, iban de Varadero a Miami. Luego, al día siguiente, ellas tomaron otro vuelo, de Miami a Los Ángeles (este último fue un vuelo de seis horas). Y ahí, en Los Ángeles, madre e hijas estuvieron lejos de su esposo y de su padre, pues este continuó en Cuba por espacio de seis años y dos meses más, antes de poder reunirse con su familia.

El detalle de este viaje es el siguiente. El 28 de julio de 1971, se había programado la salida de Exilda, Sara y Loida; por tanto, Jacobo rentó un carro que los llevara desde su domicilio en La Habana hasta Varadero, en Matanzas. Al llegar a Varadero, Exilda y las niñas se bajaron allí y entraron al aeropuerto. Ellos creían que Exilda y las niñas volarían ese mismo día, y Jacobo, aprovechando el regreso del chofer que los había traído, se regresó con él a La Habana; sin embargo, aquel día el vuelo para Miami no salió, y Exilda y las niñas tuvieron que pasar la noche en el aeropuerto.

Había en ese lugar, un enjambre de mosquitos y aunque le dieron a Exilda un ventilador para ayudar a ahuyentarlos, la niña más pequeña amaneció llena de ronchitas rojas por las picaduras. Esa mañana del 29 de julio llegó el avión procedente de Miami. De él se bajó un estadounidense a saludar a los pasajeros que venía a buscar. Sara de dos años y medio le saludó ofreciéndole un peine un tanto desdentado, el cual llevaba en sus manitas; y en cuanto a Loida Lidia, quien estaba llena de granitos rojos por todas partes, tuvo su mamá que cubrirle la piel con talco lo más posible, a fin de evitar tener algún problema con las autoridades que estaban a cargo del viaje.

En cuestión de minutos, los pasajeros comenzaron a abordar el avión. El primero en hacerlo fue un hombre en sillas de ruedas, y los siguientes fueron Exilda y las niñas. Estando ya adentro del avión, Exilda, con Sara sentada a su lado y Loida Lidia en sus piernas, vino una azafata a ponerle el cinturón de seguridad a Sara, lo que hizo que esta comenzara a llorar en alta voz; era la primera vez que usaba un cinturón en un vehículo de transporte.

Miami, Florida

Llegaron ellas a un refugio especialmente provisto para los cubanos en Miami. Allí les dieron un cuarto para ella y las niñas, y les proveyeron alimentos (incluyendo leche para las niñas). Pasado un tiempo, por los altoparlantes se escuchó que Exilda tenía visita: era la tía Emelina y su esposo, quienes vivían en Miami y querían verla; sin embargo, puesto que las dos niñas estaban ya dormidas y Exilda no quiso dejarlas solas, no acudió a aquel llamado.

El mismo día en que ellas llegaron había allí quienes ayudaran para tramitar los números del seguro social de las tres, pero el de Exilda ya no fue con los apellidos Mora Fernández (los de soltera) sino con el apellido de su esposo, Martínez. Le preguntaron entonces a Exilda a qué lugar del país quería ir, y ella les dijo que a California. Entonces les mostró la dirección de la prima Eneida Fernández, persona que la había pedido años antes y con la que ya vivía su mamá (pues había salido de Cuba un año antes que Exilda). Pero cuando trataron de comunicarse con la prima Eneida, se dieron cuenta que esta, a últimas fechas, se había mudado y no pudieron dar con ella. Preguntaron entonces a quien más conocía en California, y Exilda recordó a un compañero de estudios que conoció en Manacas, quien, junto con su esposa, vivían en California (aunque no sabía en qué parte del estado estaban). Estos eran José Luis Soto y su esposa Carmita. Resultó que, aquellos que habían preguntado conocían a José Luis, pues era él precisamente el encargado de recibir en Los Ángeles a los cubanos que iban llegando al refugio de Miami. Así fue que de inmediato llamaron por teléfono a José Luis y él hizo los arreglos necesarios para recibirlas; asimismo, él se comunicó con la mamá de Exilda —la que recientemente había encontrado en un supermercado—, para que junto con la prima estuvieran presentes a la hora de su llegada. Estas cosas no fueron sino milagros de Dios, quien hizo posible que Exilda y las niñas rápidamente se encontraran con su familia. Cosa que jamás hubiera sido posible sin la intervención divina, pues en el estado de California en ese entonces vivían más de 20 millones de personas, y los medios tecnológicos para encontrar a alguno eran sumamente limitados; tanto, que por ese tiempo había personas que no habían sabido más de su familia y habían muerto sin saber de ellos.

Los Ángeles, California

El 30 de julio de 1971 Exilda y sus niñas llegaron al aeropuerto de Los Ángeles en un viaje de unas seis horas de vuelo. Allí les esperaban el pastor José Luis Soto, su mamá Gracia Nila Fernández, su prima (la que había pedido a Exilda) Eneida Fernández y el pastor cubano Israel Aguilera, quien por ese tiempo se congregaba en la Iglesia Iberoamérica fundada por el hermano Soto.

José Luis y Carmita Soto (compañeros de estudios en Manacas)

José Luis Soto Pérez aceptó el evangelio de Cristo, y era un cristiano regular en su país natal, Cuba. Un día, cuando José Luis escuchaba a la hermana Elba Rodríguez predicar en la iglesia de Infanta y Santa Marta —hablando ella del cómo depender de Dios—, él fue tocado poderosamente por el Señor, e inclinándose hacia adelante, fue bautizado en el Espíritu Santo. Luego este José Luis, casado el 12 de abril de 1961 con Carmen Bayona, ingresó ese mismo año en el Instituto de Manacas. Sin embargo, al año siguiente, el 30 de junio de 1962, esta pareja salió de Cuba con destino a Miami, Florida. El Rev. Gabriel Caribes en Miami, Florida, les había enviado una invitación para salir del país.

José Luis y Carmita Soto (los encargados del centro de refugiados cubanos en California)

Ya en EE.UU. vivieron en Miami, en Orlando, y en Nueva York hasta el 28 de marzo de 1964 cuando finalmente llegaron a California. Allí se conectaron con el Rev. Floyd Woodwooth, quien vivía en ese estado, y quién a su vez los conectó con el superintendente del distrito de las Asambleas de Dios de California que por ese tiempo estaba en función: el Rev. Simón R. Franco. Y pronto, cuando una pequeña iglesia se quedó sin pastor, José Luis Soto puso su candidatura y resultó electo. La iglesia era la Iglesia Betania AD en la calle El Segundo Blvd, Compton, California.

Después de ahí, José Luis pastoreó La Iglesia del Señor en la ciudad de Bell. Y en ese tiempo, cuando pastoreaba en Bell, entre los años 1965 y 1968, nacieron sus tres hijos: Eric, Donna y David. Pero entre los años 1968 y 1973 sucedió lo de Camarioca, cuando miles en embarcaciones salieron de Cuba rumbo a Miami, Florida, seguido por lo que se llamó «Los vuelos de la libertad», y miles de cubanos llegaron a EE.UU. durante este período. Ante esta nueva necesidad, José Luis renunció al pastorado que tenía en ese momento y conectado con el refugio de los cubanos en Miami, se dedicó a ayudar a sus compatriotas, los que el refugio en Miami le enviaba. Y fue con los creyentes que iban llegando y con los no creyentes que se convertían al Señor, que José Luis Soto fundó la Iglesia Iberoamérica en la ciudad de Huntington Park, California, iglesia que por ese tiempo estaba compuesta casi en su totalidad por inmigrantes cubanos, y que fue pastoreada por el hermano José Luis de 1969 a 1974.

Gracia Nila Fernández Vargas (la mamá de Exilda)

Gracia Nila Fernández Vargas era la mamá de Exilda. Nació en la antigua provincia de Oriente, Cuba, el 23 de julio de 1920, siendo una de 15 hermanos. Contrajo matrimonio con Arsenio P. Mora Rosal a los 19 años, con quien tuvo una hija y un hijo. Tanto Nila, como le llamaban sus padres y hermanos, como su familia, aunque se decían católicos, practicaba el espiritismo y la adoración a la virgen de la Caridad del Cobre. Sin embargo, ella, como ya dijimos, en 1951, mediante el testimonio de la maestra de sus hijos, supo del evangelio de Cristo y recibió al Señor en su corazón con gran gozo y alegría.

Gracia Nila Fernández Vargas

Nila salió de Cuba en uno de esos «vuelos de la libertad», y llegó sola a los Estados Unidos en 1970; y de Miami voló a California, en donde su sobrina la recibió en su casa, en la ciudad de Maywood. Tanto los hijos de Nila como ella misma habían sido reclamados por su sobrina, pero

Arsenio Jr. no pudo salir del país puesto que estaba obligado a prestar el servicio militar. Su hija Exilda, por su parte, por estar en ese momento interna en el Seminario Nazareno, no solicitó su salida para viajar con su madre, pero lo hizo después, cuando supo que Nila lo había hecho ya; esa fue la razón por la que no pudieron coincidir ni salir juntas de Cuba. Y el papá de Exilda, apartado del evangelio, ya no vivía en la casa de su madre. Nila, motivada por el deseo de ayudar a su hijo a salir del país cuando a él le fuera permitido, estuvo dispuesta a dar ese paso de venir sola, cosa que fue muy difícil para ella. Nila, desde su conversión a los 31 años, en el 1951, permaneció fiel al Señor. Ella tuvo el gozo de ganar para Cristo a su sobrina, y cuando Nila partió con el Señor, el 23 de abril de 2017 (casi a sus 97 años), pudo ver a sus hijos, nietos, bisnietos, y su sobrina (y a los descendientes de esta), todos sirviendo al Señor: unos predicando la Palabra y otros sirviendo de diferentes maneras, como en la música y de otras formas.

Eneida Fernández Vargas (la prima de Exilda)

Eneida Fernández Vargas, nació en la antigua provincia de Oriente, Cuba. En una visita que Eneida hizo a La Habana, conoció y se casó con un hombre de allí, y allí se quedaron a vivir. Viviendo ambos en La Habana nacieron sus dos hijas, Lourdes y Arleen. Mas tarde, el matrimonio y sus hijas se trasladaron para los Estados Unidos y se ubicaron en el estado de California. Cuando llegaron «los vuelos de la libertad» el matrimonio pidió a varios parientes, y entre ellos estaba su tía Gracia Nila y los hijos de esta. Las gestiones de la

La prima Eneida Fernández

petición de los familiares de Eneida (hermanos, tía, primos, etc.), fueron hechas por el esposo de ella. Él lo hizo así porque tenía ciertos planes: no quería que Eneida se quedase sin familiares en EE.UU., porque tenía planes de abandonarla (lo que hizo después).

Gracia Nila, la tía de Eneida, a los días de haber llegado de Cuba pidió a su sobrina Eneida que la llevara a una iglesia cristiana y esta la llevó a una iglesia que estaba cerca de su casa (la que resultó ser una iglesia bautista). La sobrina la llevó, pero también entró a escuchar; así que, fue en esa iglesia que Eneida fue tocada por Dios y se entregó a Cristo. Ambas se congregaban en aquella iglesia hasta la llegada de Exilda, en 1971. A la sobrina le ayudó mucho conocer a Cristo pues, aparte de haber sido salva y de alistase para su encuentro con Dios, tuvo por aquel tiempo un aliciente en medio de la crisis que estaba atravesando debido al divorcio de su esposo. Eneida hasta el día de hoy (año 2022) ha permanecido fiel al Señor en esa denominación, pues se ha mantenido buscando al Señor siempre.

Israel Aguilera (compañero de estudios en Manacas)

Israel Aguilera nació en Manzanillo, Cuba, el 21 de septiembre de 1932. Se convirtió al Señor a sus 17 años, y estudió en Manacas. A los 18 años fue fundador de iglesias en Manzanillo, en el golfo de Guacanayabo y en Pilón (hoy iglesias activas con sus respectivos pastores). Fue presidente de la revista La Antorcha, y se casó con Nelfa Quevedo en 1962. Juntos procrearon cinco hijos: Martha, José, Lidia, Luis, y Pablo, de los que llegaron a ver 13 nietos y 5 bisnietos. Israel Aguilera y su familia llegaron a EE.UU., el 12 de diciembre de 1968, por lo que pudieron ayudar

Israel Aguilera

al pastor José Luis Soto en la fundación de la iglesia Iberoamérica en Huntington Park, California.

En 1972 el hermano Israel comenzó a celebrar cultos en un hogar en Bell, California. Ese fue el inicio de una iglesia a la que llamó Movimiento Pentecostal. En sus inicios esta iglesia tenía tan solo dos familias, pero mediante el apoyo del Señor, en menos de un mes, alquiló un templo en Vinevale Ave, Bell, CA. Dos años más tarde, en 1974, recibió de Rafael Lima la obra que este había comenzado, iglesia a la que Rafael llamó Los Pinos Nuevos, localizada en South Gate, California (Rafael Lima había trabajado con las iglesias de Los Pinos Nuevos, en Cuba). Unidas estas dos obras (la de Bell y la South Gate), fueron pastoreadas por el hermano Israel hasta 1979. Pero, a principios de aquel año, el hermano Israel Aguilera, quien fue invitado a trabajar por el Señor en Philadelphia (en el estado de Pensilvania), partió para esa ciudad, y ahí estuvo sirviendo al Señor hasta su fallecimiento, el 31 de enero de 2020.

Maywood, California

Ya en Los Ángeles, Exilda y las niñas se establecieron en la ciudad de Maywood (la ciudad en donde vivía Eneida). En esa ciudad, Nila, al tener noticias de la pronta llegada de su hija Exilda y de sus nietas, alquiló una pequeña casa; ahí vivirían las cuatro.

Sara, la niña mayor, llegó a California con algunos malestares y fiebre, pues en Miami le habían puesto una vacuna que le provocó eso. La niña, cuando le preguntaban por su papá, decía: «Él viene ahorita»; porque así le decía su mamá cuando ella lloraba y quería ver a su papá; Exilda le decía: «No llores, el viene ahorita[4]». Fue precisamente mientras vivían en esa casa cuando Loida Lidia, la hija más pequeña, comenzó a caminar (a sus once meses).

---

[4] Para los cubanos «ahorita» no significa «ahora mismo» sino «un ratico».

Esta es casa donde vivía la mamá de Exilda, y las primeras fotos de las niñas al llegar de Cuba

Exilda y las niñas comenzaron entonces a congregarse en la Iglesia Iberoamérica de las AD, fundada por José Luis Soto y pastoreada por él desde 1969 hasta 1974. En el año 1975 el pastorado de esta iglesia fue trasferido al hermano David Brito, quien estuvo a cargo hasta 1978. Durante todo ese tiempo —siete años en total—, Exilda y las niñas estuvieron asistiendo a esta iglesia y estuvieron bajo el ministerio de estos dos hermanos.

Exilda, al llegar a Los Ángeles tuvo que visitar un dentista, quien le recomendó usar una dentadura postiza; asimismo tuvo que ser operada por un cirujano quien le extirpó la vesícula biliar. Esta operación fue realizada en el Hospital California, en Los Ángeles, situado en el 1401 S Grand Ave, Los Ángeles, CA. Sucedió también que poco después de haber llegado, Exilda y las niñas tuvieron que mudarse de la casita que su mamá había alquilado, pues la dueña, al enterarse de que

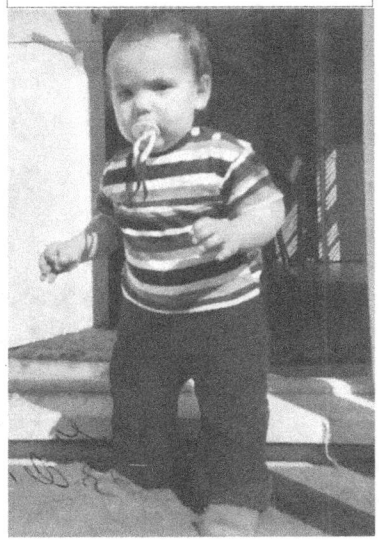

Loida Lidia, el día que comenzó a caminar

ahora vivían unas niñas, les pidió que desocupara la propiedad (esto debido a que el seguro que la dueña había contratado para esa casa prohibía que vivieran niños ahí).

Por su parte Nila, no quiso dejar su casita, pues según ella, era un lugar donde se sentía segura, pues estaba detrás de otra casa y no frente a la calle. Exilda entonces alquiló un apartamento que estaba en una calle que se llamaba como la ciudad, Maywood. En ese lugar estuvo por poco tiempo, pues se dio cuenta que ese no era un buen lugar para vivir. Así, se mudó a otro departamento en la misma ciudad, pero en la calle 55; y ahí vivió por varios años. Fue precisamente en ese lugar en donde Sara, la hija mayor de Exilda, que, subida en una silla, se ponía frente a una ventana que daba a la calle, y desde allí predicaba (según ella). Eso era un indicador de lo que ella sería más tarde, una predicadora.

Durante sus primeros años en California, Exilda recibió ayuda del gobierno; sin embargo, dado que no era suficiente para todas las necesidades que ella y su familia tenían, sintió la necesidad de trabajar. Para ello, necesitaba comprar un automóvil y aprender a manejar; así fue que Exilda compró su primer automóvil y consiguió un empleo en los Estados Unidos. El primer trabajo que

Primer carro comprado por Exilda en Los Ángeles

ella tuvo fue en una fábrica de costuras. Después, en 1976, trabajó para una tienda de vestidos de Novia en la ciudad de Huntington Park. Luego, en 1977, trabajó en una empresa en Los Ángeles llamada Phillips Draperies (la cual fabricaba cortinas). Su último trabajo se extendió desde el 10 de marzo de 1978 hasta entrado el año 1986; por ocho años Exilda trabajó para una compañía de ensambles plásticos en la cuidad de Torrance, California.

Durante el tiempo en que Exilda, en compañía de sus pequeñas niñas, asistía a la Iglesia Iberoamérica de las AD, estuvo ayudando en distintas posiciones dentro de la iglesia: como presidenta de las damas; como maestra de jóvenes y de adultos en la Escuela Dominical; como predicadora; y aún como tesorera.

Entre los hermanos cubanos que se congregaban en la Iglesia Iberoamérica —aparte del hermano José Luis Soto, quien era el pastor, junto con su familia—, estaban Heriberto y David Brito con sus respectivas familias y con ellos sus hermanas y su madre (todos ellos de Ciego de Ávila); también Israel Aguilera de Manzanillo y su familia. Con estos que he mencionado asistían muchas otras familias y matrimonios, quienes desde Cuba ya eran creyentes, pero también otros que, al llegar allí, se convirtieron. De entre los que se convirtieron en esta iglesia estaba la hermana llamada Ida y su esposo; ellos, por cierto, cuando Jacobo estaba en España, regularmente le daban ofrendas para enviarlas a su esposo. Estas ofrendas ayudaron a Jacobo durante su estadía en España. Y no podemos dejar de mencionar a Antonio y a Guillermina Díaz,

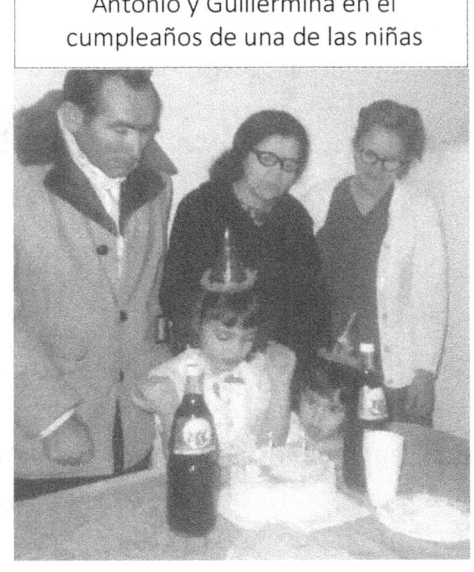

Antonio y Guillermina en el cumpleaños de una de las niñas

ella de Victoria de las Tunas, y él de un poblado en Las Villas, por la ayuda que brindaron a Exilda en este tiempo de su vida.

Antonio y Guillermina se conocieron en el Instituto Bíblico de Manacas, en los días en que Exilda estudiaba allí. Antonio era un cocinero en el Instituto Bíblico y Guillermina una estudiante. Siendo que Dios puso las cosas para que se volvieran a encontrar, ahora en los Estados Unidos, ellos fueron un gran apoyo para Exilda durante el tiempo en que ella estaba sola con las niñas, y con su mamá (ya mayor). Salían a comer juntos, salían a pasear, se visitaban y se ayudaban en todo. Tanto, que Antonio ayudó a Exilda a aprender a manejar, le ayudaba cuando tenía problemas con su carro y le auxilió con sus mudanzas; así también, en los cumpleaños de las niñas ellos les mostraban amor y gran cariño.

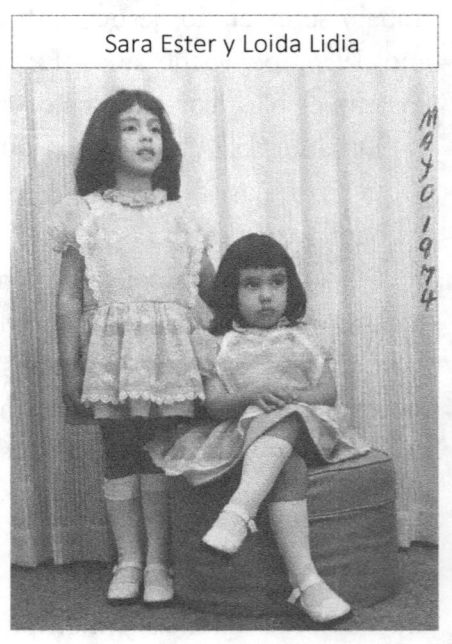

Sara Ester y Loida Lidia

Las niñas continuaban creciendo. Asistían a las clases de la Escuela Dominical en la Iglesia Iberoamérica y a la escuela secular, y esperaban pacientemente a su padre. A continuación, una foto de ellas en aquellos años cuando vivían en Maywood, California.

Enfermedades

En esos años, alrededor del 1975, Loida Lidia —la niña pequeña— comenzó a padecer de la garganta. Sus amígdalas se inflamaron y no mejoraba, aun siguiendo todas las indicaciones médicas. Siempre había sido gordita, pero por ese tiempo se puso delgada, más de lo que sería normal para su edad.

Fue entonces cuando por indicaciones del Dr. se decidió operarla para sacarle sus amígdalas. Fue operada en el Hospital "White Memorial Medical Center" en Los Ángeles, California, 90033. Dado que no dejaban que nadie se quedara con los pacientes por la noche, la madre iba todos los días temprano a pasar el día con ella todo el tiempo que estuvo en el Hospital.

Loida Lidia

Fue un tiempo difícil, tanto para la madre como para la niña, pues la niña lloraba porque su mamá no podía quedarse con ella. De esta manera sucedía que la enfermera que atendía a Loida Lidia se alegraba mucho cuando Exilda llegaba en las mañanas, pues la niña llamaba a su mama por las noches. Su hermanita Sara se quedaba con su abuela, la que, por no ser la predilecta de ella, también sufría la ausencia de su mamá.

En esos años, cuando aún vivían en la calle 55 de Maywood, Loida Lidia comenzó a sufrir de dolores en la espalda. Todo comenzó cuando una noche la niña no podía dormir, pues se quejaba de un dolor en la espalda. Luego, cuando le hubieron hecho algunos exámenes, los médicos le recomendaron que usara un corsé ortopédico para ayudarle a mantener una postura derecha. Sin embargo, la niña nunca quiso usar este corsé.

Casa en la ciudad de Bell, California

Bell, California (1977-1978)

Al pasar el tiempo, Exilda y las niñas se mudaron a otro apartamento, pues aquel en donde vivían ya necesitaba algunas reparaciones y el dueño no quería hacérselas. Encontraron una casita de renta en la ciudad de Bell y fue allá a donde se fueron a vivir. Esta casita estaba en el 6417 de Corona Ave.

Dificultades

Cuando Exilda y las niñas vivían en esa casa, y estas últimas comenzaron a ir a la escuela, ocurrió un incidente bastante memorable. La escuela estaba a una cuadra de la casa y cada día Nila recogía a sus nietas, ya que la mamá de ellas tenía que trabajar y no podía hacerlo ella misma. Sin embargo, un día que la abuela, por alguna razón, no estaba esperándolas a la salida, ellas decidieron caminar solas rumbo a su casa. Pero, puesto que en su casa no había nadie por ese tiempo, decidieron ahora encaminarse a casa de la abuela, aunque la casa de la abuela estaba en Maywood (la ciudad en donde ellas anteriormente habían vivido).

Cuando tanto la abuela como la mamá se dieron cuenta de lo que estaba sucediendo, se angustiaron mucho. Tanto, que llamaron al pastor de la iglesia. Por ese tiempo, el pastor de la Iglesia Iberoamérica (que era donde ellas se congregaban) era David Brito. El hermano David fue entonces a la casa de la abuela y ahí las encontró. Las niñas habían recorrido varias cuadras caminando, y en su trayecto habían cruzado unas vías del ferrocarril. Cuando llegaron a la casa de la abuela la casa también estaba vacía, pues la abuela había ido a buscarlas a la escuela. Afortunadamente, una de las vecinas de la abuela, al verlas, las entretuvo hasta que llegó el pastor (y luego su familia), y las niñas estuvieron a salvo.

David Brito, pastor en aquellos años de la Iglesia Iberoamérica en Huntington Park, CA

Reencuentro

Sucedió en esos días, cuando aún Exilda y sus hijas vivían en esta casa de la calle

Corona en Bell, que tuvieron la noticia de la fecha de salida de España de Jacobo. Él saldría de Madrid con escala en Nueva York, y llegaría al aeropuerto de Los Ángeles California en los días próximos.

Y ante la cercana llegada de su esposo de España, Exilda se puso a hacer un recuento de su vida hasta ese momento. ¿Cuánto había Dios hecho por ella y su familia? No habría nunca palabras para agradecérselo. Ella ya no oraría más por la salida de su esposo, ni de Cuba, ni de España. No habría más gestiones por su caso ni envíos de dinero para suplir sus necesidades en España. Ahora sus oraciones serían para que Dios los guiara y los dirigiera como familia completa respecto a las decisiones que próximamente tendrían que tomar.

Entonces, haciendo un recuento de todo el pasado, era evidente que Dios había estado con ella y su familia, guiándoles y abriéndoles puertas que ellos nunca imaginaron. Ahora Exilda oraba poniendo el futuro en las manos de Dios, sabiendo que Él les continuaría guiando.

1. Dios la había sacado de Las Casimbas y Jagüeyes y la había llevado a Florida, en Camagüey. Y precisamente ahí, Exilda, junto con su hermano, asistió por primera vez a la escuela. Y fue en esa escuela en donde recibieron el mensaje del evangelio a través de la maestra (quien resultó ser cristiana). Ese fue el comienzo de grandes triunfos en su familia, pues también su madre fue salva, y Dios les sacó del espiritismo, doctrina diabólica que los llevaría directamente al infierno, y a pasar la eternidad con el diablo y los demonios. ¡Eso era ya suficiente razón para vivir muy agradecidos!

2. Dios le había permitido conocer aquella iglesia Evangélica Pentecostal en Florida, Camagüey, iglesia de sana doctrina, y sobre todo, le había permitido asistir al Instituto Bíblico en Manacas, Las Vilas, en donde se preparó para servir a Dios.

3. Dios también le había permitido asistir al Seminario Nazareno, en donde conoció al que fue después su esposo, un

hombre que amaba sinceramente a Dios y que le fue fiel durante todos los años que vivió después de conocerlo. Además, Dios le había permitido conectarse mientras estudiaba allí con los pastores que después le abrirían las puertas de su casa y de su iglesia en el Vedado, el barrio más prestigioso de la capital, La Habana, para después servir allí.

4. Dios había permitido, que, a tiempo, su prima Eneida Fernández en California la reclamara tanto a ella como a su mamá para que salieran de Cuba mediante los llamados «vuelos de la libertad». Y que, a tiempo, tanto su mamá en Florida Camagüey, como ella en La Chorrera, La Habana se inscribieran para salir de Cuba aprovechando aquellos «vuelos de la libertad» para que cuando les llegara su turno, pudieran viajar a EE.UU. en un vuelo directo de Varadero, Matanzas a Miami, Florida.

5. Dios había dispuesto que su mamá saliera de Cuba y llegara a California un año antes que ella, para que, cuando Exilda llegara sola con las dos niñas pequeñas, tuviera la ayuda necesaria. Dios había puesto los medios para que compañeros de estudios en Manacas, Las Villas, los cuales estaban en California, la recibieran al llegar y se conectaran con ella (ellos fueron luego piezas claves para el inicio de su nueva vida allí). Por ejemplo, José Luis Soto le informó y ayudó con prontitud para que recibiera los servicios que estaban disponibles para los recién llegados; le proporcionó transportación, y la conectó con la iglesia que había fundado, la cual pertenecía a Las Asambleas de Dios. (También Israel Aguilera fue pieza clave, pues les pasó la iglesia que él había fundado, junto con la otra que después se les unió, iglesia que después el matrimonio Martínez pastoreó por 34 años). Asimismo, la pareja de Antonio y Guillermina Díaz fueron de mucha ayuda, pues le ayudaron de diferentes maneras, mayormente en aquellas cosas que son difíciles para una mujer sola, y fue precisamente el hermano Antonio quien ayudó a Exilda para que aprendiera a manejar.

Así pues, al hacer este recuento, encontramos que no hay palabras que puedan expresar el agradecimiento a Dios por sus favores, cuidados y beneficios inmerecidos. Él siempre tiene gran cuidado de los suyos.

Salida de Jacobo de Cienfuegos, Cuba rumbo a Madrid, España

Jacobo salió de Cuba rumbo a Madrid el 3 de marzo de 1977; y salió de Madrid con destino a Los Ángeles, California, el 10 de octubre de 1977. Jacobo estuvo en España un total de siete meses y siete días, tiempo que aprovechó para predicar en diferentes lugares e iglesias.

Cuando llegó a Madrid, fue recibido por un hermano apellidado Palma, pastor de las Asambleas de Dios en esa ciudad. Después hizo contacto con el misionero Daniel Del Vecchio en Málaga, misionero que en Cuba llegó a establecer siete iglesias, y que Jacobo había conocido cuando trabajó con Raúl Trujillo en las iglesias de Matanza (este misionero es por cierto autor del libro *El Espíritu Santo y su obra*). El misionero Del Vecchio, había estado en España desde 1964, trabajando en un ministerio de ayuda a jóvenes de diferentes países que necesitaban apoyo y orientación espiritual. Estando en Málaga, Jacobo visitó Granada y Torre Molino, este último un lugar de muchas montañas y nieve.

Luis Guillén fue pastor en Cuba, en España y en California

Visitó también Barcelona, ciudad en donde residía el pastor cubano Luis Guillén (en cuya iglesia Jacobo tuvo oportunidad de predicar); y comió en casa de Yuya, la hermana profeta originaria del Vedado, quien era mamá de Mireya García y suegra de Humberto Martínez Martínez (los pastores que le habían dejado el pastorado de la iglesia del Vedado, antes de partir a España).

El hermano Luis Guillén fue un pastor cubano de las Asambleas de Dios. Primero pastoreó en Cuba, en Santos Suarez, La Habana. Luego, al salir de su país natal con su familia, pastoreó en España. Luis Guillén estuvo en España desde noviembre del 1966 y permaneció allí por casi 15 años. Durante este tiempo vivió en Rota, Cádiz por casi nueve años y en Barcelona por otros casi cinco (lugar en donde fue pastor de una iglesia). También, cuando el hermano Guillén estuvo en España, llegó a ser superintendente de las Asambleas de Dios de ese país.

En septiembre de 1979 el hermano Guillen llegó a EE.UU. y en el 1981 comenzó a dirigir el departamento hispano de la iglesia First Family Church, en la ciudad de Whittier, California. En esa posición estuvo trabajando por el Señor hasta cerca de su partida de este mundo, el 21 de febrero de 2022, a sus 89 años.

Cuando se acercaba el tiempo en que Jacobo saldría de España, viajó a Madrid y permaneció por un tiempo viviendo con los pastores Hermenegildo Paz y su esposa Fela. El hermano Paz había sido uno de los maestros de Jacobo cuando estaba en el Seminario Nazareno. Antes de que Jacobo pudiera salir del país, salieron de España los hermanos Paz, y Jacobo se quedó en casa de la hija de un pastor apellidado Abreu, quien había sido su amigo en Cuba; y mientras vivía en esa casa, se llegó el día en que Jacobo habría de salir rumbo a EE.UU. En total, como ya hemos dicho, Jacobo permaneció en España siete meses y siete días, y finalmente pudo reunirse con su familia después de seis años y tres meses de no verlos.

Llegada de Jacobo a Los Ángeles

El día de la llegada de Jacobo a Los Ángeles fue un día de gran fiesta. Los hermanos de la Iglesia Iberoamérica, junto con quien en ese momento era su pastor, el hermano David Brito, fueron al aeropuerto a recibirlo. Esto fue espectacular, pues el grupo de hermanos llevaron un cartel que decía: «Bienvenido, hermano Jacobo». El cantante de una banda de rock llamado Alice Cooper, quien también estaba llegando al aeropuerto en ese momento, se alegró pensando que el recibimiento era para él; sin embargo, se equivocó, el recibimiento era para el siervo de Dios que llegaba.

Cuando finalmente Jacobo se reunió con su familia en 1977, él también se estuvo congregando en la Iglesia Iberoamérica de la ciudad de Huntington Park. No obstante, habiendo pasado un poquito más de un año, el 10 de febrero de 1979, Jacobo, junto con su esposa, fueron instalados como pastores de la iglesia de Las Asambleas de Dios llamada Movimiento Pentecostal Los Pinos Nuevos, localizada en el 8969 State St, South Gate, CA (condado de Los Ángeles), iglesia que más tarde se convertiría en el Centro Cristiano Ríos de Agua Viva.

La llegada de Jacobo al aeropuerto de Los Ángeles procedente de España

¡Cuánto gozo hubo con la llegada de Jacobo!, ¡La esposa, las hijas, los hermanos de la iglesia, los familiares y hasta el cielo entero (pues ya no subirían más oraciones por esa petición) todos estuvieron muy gozosos por la llegada de

Jacobo! Jacobo llegó de España mientras Exilda y las niñas vivían en la casa de la calle Corona en Bell, California.

Después de la llegada de Jacobo, la familia vivió poco tiempo en esta casa de la calle Corona, pues el dueño era un judío, y este se ofendió mucho cuando Jacobo le comenzó a hablar de Cristo y del evangelio cuando venía a cobrarle la renta. Así fue que pronto les pidió que desocuparan su propiedad.

Jacobo al llegar a su casa en Bell, CA. Exilda la esposa de Jacobo; Nila, la mamá de Exilda, Sara Ester, la niña mayor (ya con 8 años y 8 meses de edad); y Loida Lidia la niña pequeña (a sus 6 años y 11 meses)

PARTE 4

Nuevo Comienzo

EN LOS ÁNGELES, CALIFORNIA

El 21 de marzo de 1972 los hermanos pastores Israel y Nelfa Aguilera comenzaron a celebrar cultos en un hogar en la ciudad de Bell, California. Un tiempo después, los hermanos Aguilera estuvieron rentando las instalaciones de una iglesia (en aquel tiempo una iglesia americana) para las reuniones. Esta iglesia estaba en la avenida Vinevales, en la mencionada ciudad de Bell. Continuando los servicios allí, los hermanos Aguilera la nombraron Iglesia del Movimiento Pentecostal.

Pastores: Israel y Nelfa Aguilera

Después de estar trabajando varios años en Bell, los directivos del Distrito Latino de Las Asambleas de Dios de aquella zona propusieron al hermano Aguilera que ocupara el pastorado de una iglesia que había dejado el pastor Rafael Lima, la cual estaba en la ciudad de South Gate, CA., proposición que él aceptó.

Algunos años antes, el pastor Rafael Lima había abierto una obra localizada en el 11507 Long Beach Blvd, Lynwood, California a la que puso el nombre de Iglesia Los Pinos Nuevos, Asambleas de Dios. Así, el 16 de noviembre de 1973, el hermano Rafael Lima afilió su iglesia al Distrito Latino del Pacífico de las Asambleas de Dios.

Pastor Rafael Lima

Un tiempo después de que el hermano Lima abriera esta obra, se había aventurado a comprar una propiedad de dos lotes, con los números 8969 y el 8965, ubicada en la calle State en la ciudad de South Gate, California. La propiedad tuvo un costo en aquel entonces de $36,000.00. El préstamo para la adquisición de esta propiedad estuvo a cargo de la iglesia hermana El Sendero de la Cruz (6508 Holmes Ave., en la ciudad de Los Ángeles, California).

Certificado de afiliación de la iglesia Los Pinos Nuevos al Distrito Latino del Pacífico de las Asambleas de Dios

En uno de los lotes de esta propiedad había una especie de bodega, y en la otra una vivienda de dos recamaras, con un salón al frente de esta última. El primer espacio, el hermano Lima lo preparó para que fuese el templo; la casa, en el otro lote, para casa pastoral; y el salón lo acondicionó para ser cocina y comedor de los eventos de la iglesia.

Cuando el hermano Rafael Lima sintió del Señor aceptar la propuesta que se le hacía de pastorear una iglesia en el estado de Texas, informó al Distrito, y el Distrito solicitó la ayuda del hermano Israel Aguilera para que se encargara también de la iglesia

Propiedad comprada por el hermano Rafael Lima para la iglesia a la que llamó Los Pinos Nuevos

Los Pinos Nuevos, cuyo pastorado el hermano Rafael estaba dejando vacante. Fue así como aquellas dos nacientes iglesias (la de Bell —Movimiento Pentecostal— y la South Gate —Pinos Nuevos— se unieron para formar una sola, y la llamaron Iglesia del Movimiento Pentecostal Los Pinos Nuevos, localizada en South Gate, California. Con el tiempo, en aquellos primeros años, a la iglesia se le empezó a llamar con el nombre corto de Los Pinos Nuevos.

Y más tarde, en 1978, cuando el hermano Israel Aguilera sintió del Señor aceptar la invitación que se le hacían de pastorear una obra en la ciudad de Filadelfia, en el estado de Pensilvania, llamó entonces al hermano Jacobo Martínez, quien en octubre de 1977 había llegado de Cuba, y que con su familia se congregaba en la Iglesia Ibero-américa en Huntington Park, CA, y le invitó a que,

Pastores Jacobo y Exilda Martínez

con la aprobación del Distrito Latino del Pacífico de Las Asambleas de Dios, pastoreada aquella iglesia.

South Gate, Los Ángeles, California

Fue entonces cuando el 10 de febrero de 1979, después de haber pedido el consentimiento de la pequeña congregación, el hermano Jacobo Martínez y su esposa fueron instalados oficialmente como pastores mediante un servicio ex profeso dirigido por el Rev. José Girón, quien era por ese tiempo superintendente del Distrito Latino del Pacífico de Las Asambleas de Dios.

La propiedad de la iglesia en aquellos días se componía de tres partes, una de ellas era una casa pastoral de dos recamaras al lado del templo. La casa estaba ocupada, pues se le había rentado a una familia de la iglesia; sin embargo, la casa fue desocupada para que la familia Martínez viniera a vivir allí. Como siempre Dios había acomodado todo supliendo esta casa, justo cuando aquel judío, quien, ofendido por que se le predicase el evangelio, les pidió que desocuparan su propiedad.

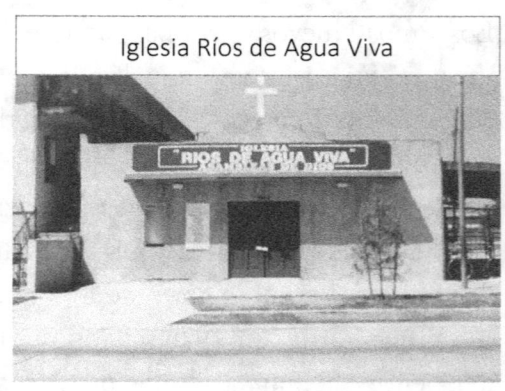

Iglesia Ríos de Agua Viva

Con el tiempo se hicieron algunas remodelaciones y añadiduras al antiguo templo para hacerlo más grande y le quitaron una columna que tenía en el medio. Sin embargo, con todo, no era suficientemente espacioso; fue por ello que Dios comenzó a poner en el corazón del pastor Martínez la inquietud de edificar un templo más grande para la gloria de Dios.

Una compra

En abril de 1988 se hizo una oferta para comprar la propiedad contigua al antiguo templo, el lote 8961 de la calle State en la ciudad de South Gate CA, a fin de tener más espacio para edificar. Resultó que quienes habitaban la casa que había en aquella propiedad, la del lote 8961, habían sido muy problemáticos. Los antiguos dueños les rentaban unos cuartos (los cuales estaban detrás de su casa) a un sujeto que solía molestar con su música durante los cultos y a veces venía para apagar las luces del templo o para patear la puerta de entrada (esto, en medio de la celebración de los servicios a Dios). Este también llegó al punto de asustar con los perros a los niños durante las actividades que la iglesia tenía con ellos. Y lo peor de todo era que la dueña había dicho ya que no le vendería su propiedad a la iglesia.

No obstante, Dios les envió a la hermana Zuni Márquez, quien era experta en bienes raíces, para que les ayudara con esto. Ella fue con la dueña y le dijo que tenía un cliente que le ofrecía $100,000 por la casa (sin decirle quien era ese cliente), y ella aceptó. En ese tiempo, el precio real de esa propiedad era menor, pero la oferta se hizo así para que la dueña aceptara. Se hicieron así las gestiones con el Distrito Latino de Las Asambleas de Dios y con las oficinas centrales de la organización en Springfield, Missouri, para que se otorgara un préstamo de 100,000.00 para esta compra, y

Casa contigua al templo, lote #8961, comprada con el fin de tener más espacio para la construcción de un nuevo templo

en diciembre de ese mismo año, se firmaron los documentos. (Este primer préstamo con Las Asambleas de Dios de $100,000, otorgado en diciembre de 1988, fue el primero de cinco préstamos entre 1988 y 2003 que las Asambleas de Dios hizo a Ríos de Agua Viva, una de las muchas iglesias en EE.UU. afiliadas a su concilio).

Los planos de construcción

El siguiente paso era hacer los planos de construcción. Un día, mientras oraba el hermano Martínez, pidió al Señor: «Señor manda a alguien que nos ayude con los planos de construcción». Y en octubre de 1989 aparecieron dos hermanos de Argentina, el hermano Gustavo Márquez y el hermano Dardo Pujol, este último arquitecto, él hizo los primeros planos de construcción.

El proceso que se siguió para que estos planos fuesen aprobados por la ciudad fue largo y dificultoso; no obstante, después de mucho batallar con la ciudad, en agosto de 1992 fueron completamente aprobados (tres años después. En el proceso de aprobación de los planos el hermano Gustavo Márquez fue de mucha ayuda, pues él fue quien gestionó todo el proceso.

La iglesia tenía ahorrados $200,000.00; sin embargo, se necesitaba mucho más para la edificación del templo, por tanto, se comenzó a buscar una institución financiera que otorgara un préstamo para completar los costos de construcción, pero no aparecía, pues ninguna de estas instituciones hacía préstamos a iglesias.

Plan malévolo

Fue en ese momento cuando el enemigo de nuestras almas quiso intervenir para hacer su obra destructiva aprovechando las circunstancias adversas. Resultó que alguien recomendó a los pastores de Ríos de Agua Viva una compañía supuestamente cristiana llamada Génesis. Esta decía trabajar con inversionistas quienes estaban dispuestos a otorgar los fondos que fuesen necesarios para la construcción de iglesias cristianas. Lo primero que hizo la falsa

José (Joe) Santiago, líder de la supuesta compañía cristiana llamada Génesis y el hermano evangelista Yiye Ávila, ambos puertorriqueños

compañía fue engañar al ministerio del evangelista Yiye Ávila; pues la estrategia malévola de ellos era usar el prestigio del hermano Yiye para engañar a muchos otros. Ellos dijeron al ministerio del evangelista que el dueño de la compañía era un hombre de negocios convertido al Señor, y como muestra de ello, la compañía organizó un viaje a Israel, invitó a los colaboradores del hermano Yiye, y ahí les habló de sus planes para «ayudar» a las iglesias del sur de California. Fue así como esta compañía fue recomendada a todos aquellos que necesitan recibir ayuda para la construcción de sus templos en el sur de California.

La iglesia Ríos de Agua Viva, y sus pastores, escucharon de Génesis a través de Manuel Tijerino, un pastor muy querido en quien se podía —y hasta el día de hoy se puede— confiar, respecto a los planes que ellos tenían para ayudar a las iglesias del sur de California. Los de Génesis presentaron su propuesta de ayuda a Ríos de Agua Viva en una reunión con sus pastores y diez de sus líderes. El plan parecía magnífico, algo fabuloso y especial de parte de Dios. Consistía en que ciertos inversionistas aportarían dinero para la construcción del templo, y afirmaban que Dios los había llamado precisamente a California para beneficiar a muchos ministerios cristianos. Dijeron entonces, que para comenzar —y para que los inversionistas creyeran en ellos, la iglesia Ríos de Agua Viva tenía que dar el primer paso. Fue entonces que la iglesia comenzó a darles dinero. Ellos por su parte, comenzaron algunos trabajos de construcción (algunas excavaciones en donde ellos decían sería erigido el templo).

Les llegaron a entregar $95,000.00 dólares de lo que se habían reunido con actividades de talentos, lavados de carros, venta de garaje y promesas pro-templo. La iglesia les entregó todo ese dinero antes de descubrir que todo era un fraude, todo era totalmente falso y mentiroso.

Una demanda

Para poder detener a estos individuos (quienes también habían defraudado a otras iglesias amigas) se decidió proceder legalmente. Fue así que la iglesia Ríos de Agua Viva contrató a Eugenio Peguero, un abogado con quien, por cierto, no se pudo hacer nada, pues, este se vendió a la compañía fraudulenta. Luego, cuando Peguero se vio descubierto, abandonó el estado. Afortunadamente, la barra de abogados[5], cuando Peguero hubo desaparecido, regresó el dinero que la iglesia había pagado a este individuo para que los representara.

Tiempos difíciles

Este fue un tiempo muy difícil. Hubo críticas, comentarios negativos y hasta algunas burlas, pues la compañía fraudulenta no solo se llevó el dinero, sino les dejó una gran excavación, la cual, con las lluvias, se llenó de agua, y algunos se burlaron diciendo que parecía una piscina. El riesgo de esto era que el agua se trasminara y dañara los edificios de las propiedades aledañas; cosa que en parte llegó a suceder, pues la iglesia tuvo que pagar la reparación de unas grietas que aparecieron en uno de estos edificios. Pero gracias sean dadas a Dios por los que oraron, pues el misericordioso y buen Dios intervino y obró a favor de su pueblo.

Un milagro

Apareció entonces un nicaragüense que venía de West Covina, California llamado Fred Torres. Este le dijo al pastor Jacobo:

---

[5] También llamada colegio de abogados.

«Jacobo, te vengo a ayudar». Fred era constructor y arquitecto. Él presentó a la iglesia un plan para hacer la construcción por fases bajo su supervisión. Fue entonces que la iglesia aceptó su propuesta y se firmó un contrato con él. Lo primero que hizo Fred fue modificar los planos originales —los diseñados por Dargo Pujol—, pues estos tenían un modelo antiguo para el edificio e incómodo para los congregantes.

El estacionamiento subterráneo sí fue construido siguiendo el diseño de Pujol, pero el diseño del templo fue modificado por Fred, pues había sido diseñado para que estuviera en la segunda

Modelo del Templo que no se realizó (diseñado por Dardo Pujol en los primeros planos)

planta y las aulas de clases y oficinas en la planta baja. Fred mismo se ocupó de gestionar con los de la ciudad los cambios necesarios para que el templo quedara en la planta baja y las aulas en la segunda. También se ocupó de los permisos e inspecciones, etc., que se fueron necesitando en todo el proceso de la construcción.

En enero de 1994 comenzó, bajo la dirección de Fred Torres, la construcción del estacionamiento subterráneo. Se comenzó con el dinero de algunas ofrendas pro-templo que se tenían a la mano. La construcción iba bien; sin embargo, luego de unos tres meses se acabó el dinero y la construcción se detuvo. Así estuvo detenida por unos meses, hasta que la iglesia pudo conseguir un préstamo para poder continuar.

La corporación

Durante ese tiempo, el Distrito Latino de las Asambleas de Dios del Pacífico, distrito al que la iglesia estaba afiliada, les recomendó, a fin de facilitar los asuntos de los préstamos y de los permisos de construcción, que la iglesia se convirtiera en una corporación. Les recomendó entonces al abogado que ellos tenían para que hiciera los trámites necesarios. Esto significaba que tanto las propiedades que la iglesia tenía, como sus deudas (las cuales en ese momento estaban a nombre del Distrito Latino del Pacífico de las Asambleas de

Hombre trabajando en la construcción

Dios), así como los permisos que se necesitarían para la construcción, como las nuevas deudas, todo estaría ahora bajo el nombre de la nueva corporación. Al convertirse en una corporación, la iglesia no dejó de pertenecer a Las Asambleas de Dios, ni al distrito ya mencionado, sino que esto solo era para que la iglesia local pudiera asumir toda la responsabilidad de la construcción y de los préstamos que se necesitarían. Fue entonces que los funcionarios del distrito firmaron para hacer el cambio; y el 16 de mayo de 1994 la iglesia se convirtió en una corporación, cuyo nombre legal quedó asentado como Centro Cristiano Ríos de Agua Viva.

El hecho de que la iglesia se haya convertido en una corporación no significó que esta se hubiese independizado, es decir, que se hubiese convertido en una iglesia independiente. No. La iglesia continuó estando adherida a las 16 doctrinas fundamentales de las Asambleas de Dios, y continuó teniendo los mismos líderes, los del distrito.

**ARTICLES OF INCORPORATION
of
CENTRO CRISTIANO, RIOS DE AGUA VIVA**

1871897

ENDORSED
FILED
In the office of the Secretary of State of the State of California
MAY 1 6 1994
TONY MILLER
Acting Secretary of State

ARTICLE I: The name of this corporation is- CENTRO CRISTIANO, RIOS DE AGUA VIVA

ARTICLE II: A.- This corporation is a religious corporation and is not organized for the private gain of any person. It is organized under the Nonprofit Religious Corporation Law exclusively for religious purposes.
B.- The specific purpose of this corporation is to propagate the 'Gospel of Jesus Christ, according to the Holy Bible, in customs and traditions of Pentecostal Evangelical Christianity, as a church, in fellowship with The General Council of the Assemblies of God, a Missouri Nonprofit Corporation.

ARTICLE III: The name address in California of this corporation's initial agent for service of process is:
JACOBO MARTINEZ, 9219 California Avenue, South Gate, California 90280

ARTICLE IV: A.- This corporation is organized and operated exclusively for religious purposes within the meaning of §501(c)(3) of the Internal Revenue Code.
B.- No substantial part of the activities of this corporation shall consist of carrying on propaganda, or otherwise attempting to influence legislation, and the corporation shall not participate or intervene in any political campaign (including the publishing or distribution of statements) on behalf of or in opposition to any candidate for public office.
C.- Notwithstanding any other provisions of these Articles, this corporation shall not carry on any other activities not permitted to be carried on (a) by a corporation exempt from federal income tax under §501(c)(3) of the Internal Revenue Code, or (b) by a corporation contributions to which are deductible under §170(c)(2) of the Internal Revenue Code, or the corresponding provisions of any future United States Internal Revenue Law.

ARTICLE V: The property of this corporation is irrevocably dedicated to religious purposes and no part of the net income or assets of this corporation shall ever inure to the benefit of any director, officer or member thereof or to the benefit of any private person. Upon the dissolution or winding up of the corporation, its assets remaining after payment, or provision for payment, of all debts and liabilities of this corporation, shall be distributed to PACIFIC LATIN AMERICAN DISTRICT COUNCIL OF THE ASSEMBLIES OF GOD, a California Nonprofit Corporation, which organization is formed and operated exclusively for religious purposes, if it is then in existence and exempt from taxation pursuant to provisions of Internal Revenue Code §501(c)(3), or, if it is not then so existing and exempt, then to THE GENERAL COUNCIL OF THE ASSEMBLIES OF GOD a Missouri Nonprofit Corporation, which organization is formed and operated exclusively for religious purposes, if it is then existing and exempt from taxation pursuant to provisions of Internal Revenue Code §501(c)(3), or, if they are both not then so existing and exempt, then to a nonprofit fund, foundation or corporation which is organized and operated exclusively for religious purposes in harmony with the purposes of this corporation and which has established its tax exempt status under §501(c)(3) of the Internal Revenue Code."

Dated: February 21, 1994

JACOBO MARTINEZ, Incorporator

Artículos de Incorporación del Centro Cristiano Ríos de Agua Viva

Prestamos

El pastor Jacobo entonces, con la ayuda de la secretaria de la iglesia, la hermana Clara Martínez, acudió de nuevo —como fue en el 1988 para la compra de la casa de al lado—, al departamento de préstamos de Las Asambleas de Dios en Springfield Missouri, los que le hicieron un préstamo con el que se construyeron los estacionamientos, uno al nivel de calle y otro subterráneo.

La hermana cubana Clara Martínez fue un brazo fuerte para los pastores Martínez en ese tiempo, puesto que ella era capaz de hablar un perfecto inglés y un perfecto español, aparte de servir de intérprete de los predicadores de habla inglesa que visitaban la iglesia, ella, se ocupó de todo asunto de comunicación con las oficinas centrales de Las Asambleas de Dios en Springfield, Missouri. La hermana Clara fue también, en sus inicios, la primera secretaria de la corporación.

La hermana Clara Martínez

Los pastores Jacobo y Exilda observando la construcción del estacionamiento subterráneo

Este préstamo (el que por cierto fue un refinanciamiento, pues todavía se estaba pagando el préstamo contraído en 1988 para la compra de la casa de al lado) fue de 250,000, y contraído en agosto de 1994. De este dinero, 53,000 se destinaron a liquidar la primera deuda que se tenía con ellos. Este fue el segundo préstamo de cinco otorgados por Las Asambleas de Dios a la iglesia Centro Cristiano Ríos de Agua Viva entre 1988 y 2003.

Estacionamientos

De este préstamo de $250,000 quedaron $197,000 para la construcción de los estacionamientos, construcción que llegó a costar un total de $420,000. Fue así que se tuvo que conseguir, mediante ofrendas especiales y muchas promesas financieras —tanto de los hermanos como de amigos— y mediante muchísimas otras actividades, la cantidad de $223,000 faltantes. Milagrosamente se recaudaron, ¡gloria a Dios por tantos que ayudaron tan desprendidamente! ¡Qué el Señor los bendiga y recompense!

Construcción del estacionamiento

Más tiempos difíciles

La construcción de los estacionamientos trajo más tiempos difíciles, pues la iglesia se quedó sin fondos. Después de orar, se procedió a gestionar un nuevo préstamo con el Departamento de Préstamos de las Asambleas de Dios en Springfield Missouri, el cual fue de $350,000. En esta ocasión, este nuevo préstamo sería respaldado por un Plan de Certificados; este plan estaba destinado a garantizar los pagos de los préstamos que se hacían.

Certificados

El Plan de Certificados consistía en otorgar certificados a los hermanos a fin de que ellos se comprometieran a pagar una promesa de 1,000 en cinco años, lo que significaba alrededor de $15.00

Construcción del segundo estacionamiento a nivel de calle, detrás del edificio del templo, con sus aulas y oficinas mensuales durante cinco años. La idea de este plan ya anteriormente se había desechado, pues parecía imposible que hubiese tantos miembros y hermanos dispuestos a asumir tal compromiso, y se pensaba que una iglesia hispana no tendría la capacidad financiera requerida para hacerlo realidad.

Un representante de Las Asambleas de Dios vino de Springfield para ver lo que ya se había hecho y a presentar el Plan de Certificados a la iglesia. La visita de este representante animó mucho a la grey, y en agosto de 1995 el plan fue aceptado por la iglesia y sus pastores. A partir de entonces la iglesia respondió

Primera Lista de Certificados de las A/D a Centro Cristiano Rios de Agua Viva en 1995
Control No. CL700096 / 110323

CB709800	Martínez, Exilda E	7,000.00	CB709849	Rivas, Glenda	1,000.00
801	Martínez, Jacobo	7,000.00	850	Perez, Rita	1,000.00
802	Martínez, Lidia	7,000.00	851	Alvarez, Robert & Soco	3,000.00
803	Durán, Efraín	4,000.00	852	Sosa, Silvina	1,000.00
804	Torred, Fred	4,000.00	853	Camacho, Socorro C	1,000.00
805	Cubas, Patricia C	3,000.00	854	Hinojos, Sonia	1,000.00
806	Diaz, Cipriano & Amelia	3,000.00	855	Vazquez, Antonio	1,000.00
807	Mora, Rubén	3,000.00	856	Martinez, Ariadna	1,000.00
808	Sanchez, Arcelia	3,000.00	857	Mora, Arsenio & Ena	3,000.00
809	Martínez, Guadalupe	3,000.00	858	Villalobos Sr, Arturo	1,000.00
810	Martínez, Paul & Advar	3,000.00	859	Garibay, Blanca & Jenni	1,000.00
811	Castillo, Luz	3,000.00	860	Garibay, Blanca & Jenni	1,000.00
812	Montenegro, Elías	2,000.00	861	Martínez, Clara	1,000.00
813	Minchaca, Claudia	1,000.00	862	Nevárez, Clara	1,000.00
814	Muniz, Elvia	1,000.00	863	Gonzalez, Claver A	1,000.00
815	García Marta E.	2,000.00	864	Herrera, David & Maria	3,000.00
816	Camacho, Rosa	2,000.00	865	Durán, Delia M	3,000.00
817	Lepe, José y María	2,000.00	866	Mora, Eliezer	1,000.00
818	Villalobos Jr, Arturo	2,000.00	867	Maldonado, Esther	1,000.00
819	Suarez, Virginia	2,000.00	868	Galán, Felipe	1,000.00
820	Cherbony, Anibal	1,000.00	869	Alvarez, Hilda	1,000.00
821	Cherbony, Martha	1,000.00	870	Sosa Iris V	1,000.00
822	Martínez, Janet	1,000.00	871	Martínez, Jaime	1,000.00
823	Martínez, Rosa D	1,000.00	872	Coronel, Javier	2,000.00
824	Hernandez, Ruben Rea	2,000.00	873	Vergara, Joaquin & Dai	1,000.00
825	Rivera, Ismael	2,000.00	874	Martinez, José y Blanca	2,000.00
826	Estebo, Antonio & Kathl	2,000.00	875	Escobar, José	2,000.00
827	Centro Cristiano Rios	2,000.00	876	Ramos, José A	1,000.00
828	Martínez, Blanca E	1,000.00	877	Arenas, José	3,000.00
829	Mora, Arsenio	1,000.00	878	De Arevalo, Jose	3,000.00
830	Estebo, Julia	1,000.00	879	Peña, José y María	2,000.00
831	Curbelo, Juan	1,000.00	880	Cubas, José & Lucía	3,000.00
832	Gonzalez, Bertha A	1,000.00	881	Contreras, Juan	1,000.00
833	Montenegro, Sofia	1,000.00	882	Gaspar, Julio	2,000.00
834	Rivas, Glenda	1,000.00	883	Rivas, Keneth	1,000.00
835	Nevarez, Isidro & Juli	1,000.00	884	Terrasa, Leandro	1,000.00
836	García, German O	1,000.00	885	Bonilla, Lidia	1,000.00
837	Herrera, Miriam	1,000.00	886	Ponvert, Lidio & Ofeli	1,000.00

838	Gamayo, Lino	1,000.00		887	Bonilla, Lillia	1,000.00
839	Alonso, Gladys	4,000.00		888	Garcia, Linda	1,000.00
840	Gonzalez, Lucia	2,000.00		889	Martinez, Ariadna	2,000.00
841	Espinosa, F	4,000.00		890	Marciano, Margarita	1,000.00
842	Duran, Ana	1,000.00		891	Reyes, William	1,000.00
843	Gutierrez, Ana	1,000.00		892	Sandoval, Maria	1,000.00
844	Solorzano, Angel y Sar	3,000.00		893	Torres, María	1,000.00
845	Corral, Oralia	1,000.00		894	Perez, Martín y Martha	1,000.00
846	Martínez, Paul & Advar	1,000.00		895	Cruz, Noel & Yudis	1,000.00
847	Barquero, Pedrina	2,000.00		896	Torres, Norma	1,000.00
848	Torres, Pedro	1,000.00		897	Rodríguez, María M	1,000.00
					Total:	176,000.00

preciosa y espontáneamente; tanto, que hubo quienes tomaron hasta siete certificados. De los demás, otros tomaron cuatro, otros tres, otros dos, y otros uno y así, hasta que se completaron 176 certificados (uno más de los que se necesitaban para que, refinanciando, se otorgara a la iglesia un tercer préstamo, esta vez de $350,000). A continuación, la lista de los hermanos que en 1995 tomaron certificados para respaldar el tercer préstamo que la A/G Loan Fund hizo a la iglesia en ese tiempo.

Este préstamo, otorgado en septiembre de 1995 por la cantidad de $350,000, fue el tercero de cinco otorgados entre 1988 y 2003 a Ríos de Agua Viva, una de las muchas iglesias en EE.UU. afiliadas al Concilio de Las Asambleas de Dios.

Santuario

Se echó abajo el templo que se tenía en ese entonces, para comenzar la construcción del nuevo santuario. Fue así que se comenzaron a celebrar los servicios en el estacionamiento subterráneo que se acababa de construir, mientras se trabajaba con el nuevo santuario.

El último préstamo había sido de

Echando abajo el Antiguo Templo

Antiguo templo, durante el tiempo de su demolición

$350,000, pero la construcción del santuario requirió más dinero aún, unos $100,000 más. Hubo entonces que recurrir a un recurso inimaginable: que los pastores pidieran a algunos hermanos que les pres-taran de sus tarjetas de crédito o del dinero que tenían guardado para cubrir esos 100,000 faltantes, creyendo y aceptando por fe que pronto podrían saldar cada una de las deudas contraídas con los queridos hermanos que les apoyaron con esto.

Preparación para la inauguración

Estacionamiento acondicionado para dar los servicios mientras se construía el templo nuevo

El templo ya estaba levantado, pero eran necesarias muchas cosas para su inauguración: la alfombra, las sillas, los muebles de la plataforma, los muebles de las aulas, de los baños y de las oficinas; las pantallas y el sonido y todo el equipo accesorio. Para esto muchos hermanos colaboraron, entre ellos la hermana Gladys Alonso, quien obsequió los muebles para las oficinas y para los baños, etc. Otros muchos hermanos colaboraron también, entre ellos el hermano Roberto Morales, quien hizo el púlpito para la plataforma y la mesa de la Santa Cena.

Por otro lado, el hermano Roberto Álvarez, un hijo espiritual de Ríos de Agua Viva, convertido en 1985, fue de gran al apoyar con sus trabajos de publicidad en la revista que publicaba en esos días y con los volantes que él mismo diseñó. Asimismo, aportó excelentes ideas respecto a un plan para la adquisición de las sillas del santuario. Para las aulas de clases se usaron las bancas que ya se tenían del antiguo templo y para el sonido también se usó lo que ya se tenía.

Construcción de la parte de atrás del edificio

Inauguración

El día 20 de abril de 1996 se celebró aquel tan esperado día de la dedicación e inauguración del nuevo templo. Realmente no estaba todavía completamente ter-minado todo lo que había de hacerse en la propiedad, pues aún faltaban algunas cosas como el césped del jardín, etc. Sin embargo, la inauguración fue ese día, y se dejó lo que faltaba para después.

El predicador de ese día fue el hermano norteamericano misionero Floyd Woodworth, quien en Cuba sirvió como pastor y como directivo de Las Asambleas de Dios. Él fue además el autor de varios libros, incluyendo: *La escalera de la predicación*, *Hacia el*

Construcción de la parte del frente del edificio

Fachada del santuario totalmente terminada

arte de escribir, *Hacia la meta*, *Verdades fundamentales* etc. Asimismo, el hermano Woodworth fue el director por varios años del Seminario Bíblico en Manacas, Las Villas.

En el tiempo que estuvo sirviendo en Cuba, el hermano Floyd se casó, le nacieron sus dos primeras hijas y permaneció en el país hasta que el gobierno comunista se lo permitió. Después de que saliera de Cuba, él sirvió en otros países como México y Colombia. Ese día, el de la inauguración del nuevo santuario, se tuvo el gozo de que él fuera el predicador invitado.

Volante que anunciaba la inauguración del nuevo templo y el programa de ese día

Deudas

Después de la inauguración se comenzaron los trámites necesarios para obtener el cuarto préstamo, el cual, fue otorgado también por Las

PROGRAMA DE INAUGURACION Y DEDICACION
CENTRO CRISTIANO "RIOS DE AGUA VIVA"
8969 STATE STREET, SOUTH GATE, CA 90280
(323) 567-9733

ABRIL 20, DE 1996 A LAS 2:00 P.M.

1. Dirección...Pastores: Jacobo y Exilda Martínez
2. Oración de Apertura...Rev. Jacobo Martínez
3. Lectura Bíblica..Rev. Exilda Martínez
4. Grupo de hermanas con Panderos y Toque de Trompetas.........Ángel Solórzano
5. Devocional (Coro)..Ángel Solórzano
6. Bienvenida y Presentación de Pastores y Siervos Visitantes......Rev. Exilda Martínez
7. Historial de la Construcción y Acción de Gracias.....................Rev. Jacobo Martínez
8. Cantos por un Grupo de Niños...................................Sara Solórzano
9. Reconocimientos y Gratitud.....................................Rev. Jacobo Martínez
10. Poesía y Canto..Roberto Morales
11. Presentación y Reconocimiento a todos los colaboradores....Rev. Jacobo Martínez
12. Ofrenda..Rev. Exilda Martínez
13. Canto Especial..Victoria Arévalo
14. Predicador Invitado..Rev. Floyd Woodworth
15. Dedicación..Rev. Vicente Símite, Presbítero
16. Acto Final de Dedicación...Rev. Jacobo Martínez
17. Anuncios y Oración..Roberto Alvarez, Pastor Asociado
18. Momento de Cortar Cinta y de y Oracion final de Gratitud..Rvdos. Jacobo y Exilda Martínez

"En Dios haremos Proezas" (Salmos 60: 12)
Volante anunciando la Inauguración y programa de ese dia

Asambleas de Dios, esta vez por $100,000. Esta cantidad serviría para pagar las deudas contraídas con los hermanos, los que nos habían prestado sus tarjetas de crédito. Para este siguiente préstamo también se necesitaron certificados que lo respaldaran, y gracias a Dios, se reunieron los 50 certificado que les fueron requeridos a la iglesia.

De estos 50 Certificados 18 fueron tomados a título personal por varios de los hermanos de la iglesia; y los 38 restantes, aunque tuvieron el nombre de ocho hermanos (cuatro certificados por cada uno), estos fueron pagados por la iglesia. Este préstamo adquirido después de la inauguración del templo fue dado en mayo de 1997, y fue de $100,000. Fue el cuarto de cinco que la iglesia recibió entre 1988 y 2003 de Las Asambleas de Dios.

Los hermanos que habían prestado sus visas fueron los siguientes: Vicky Suarez Escobar, María Lepe, José Cubas, Exilda Martínez y Roberto Álvarez (este último prestó dinero en efectivo).

Con el dinero recibido de Las Asambleas de Dios se pudieron pagar estos préstamos personales y se hicieron otros pagos que habían quedado pendientes: el salario de Isidro Manzilla (quien había trabajado como guardia de seguridad de la construcción); el pago del salario del electricista Juan Curbelo (a él le debíamos 10,000); el salario del constructor y arquitecto Fred Torres, etc. Más adelante se muestra la lista de los hermanos que tomaron certificados y los que ayudaron a completarlos para respaldar este cuarto préstamo otorgado en 1997 por Las Asambleas de Dios.

Hermanos locales usando sus talentos para alabar a Dios

¡Se había levantado al fin el templo, un templo con todas las instalaciones necesarias y con capacidad para 450 personas! La propiedad ahora contaba con aulas, oficinas, cuarto de cuna, comedor, cocina y baños múltiples. ¡Gloria a Dios! El costo total fue —en aquellos años— de alrededor de un millón de dólares. A veces el liderazgo de esta iglesia se ha preguntado si Fred Torres sería un

Hermanos locales unen sus voces para alabar a Dios

El misionero Floyd Woodworth es invitado para la predicación de la Palabra

ángel enviado de Dios, pues después de que el templo se inauguró no se le ha visto más. Sea como haya sido, si era un ángel o no, lo seguro fue que Dios le envió para ayudar al Centro Cristiano Ríos de Agua Viva en tiempos de mucha dificultad; y lo envió para levantar una casa para Él.

La constitución y reglamento

Una de las cosas que era necesario hacer —como un requisito para la corporación— era la confección de una Constitución y un Reglamento. Fue así que se contrataron los servicios del Rev. Samuel Díaz, (consultor de iglesias a nivel internacional) con quien se trabajó para la preparación de estos documentos. El resultado fue la confección de una Constitución Local discutida y aprobada por la Asamblea General de la iglesia. Esta fue complementada, un mes después, el 28 de febrero de 1999, con el Reglamento. Estos dos documentos, después de ser envíados al secretario del Estado de California y de ser aprobados por este, fueron impresos y salieron a la luz pública, uno a fines de 1999 y el otro a principios del 2000. Los documentos legales mencionados

Segunda Lista de Certificados de las A/D a Centro Cristiano Ríos de Agua Viva en 1997 Control No. CL709798 / 110323		
CB708200	Alamo, Antonia	2,000.00
201	Cubas, Patricia C	4,000.00
202	Corral, Esther*	1,000.00
203	Espinoza, Rebeca C	1,000.00
204	Espinoza, Rebeca E	1,000.00
205	Raza, Miriam	1,000.00
206	Hinojos, Sonia	1,000.00
207	Marquez, Zuny*	2,000.00
208	Martinez, Blanca E	1,000.00
209	Martinez, Exilda E	4,000.00
210	Martínez, Jacobo	4,000.00
211	Martínez, LIdia L	4,000.00
212	Martínez, Ramón	1,000.00
213	Mora, Arsenio	1,000.00
214	Mora, Ena	4,000.00
215	Mora, Rubén	4,000.00
216	Orozco, Amparo	1,000.00
217	Reyes, Luis A	1,000.00
218	Santos, Douglas & Ana*	1,000.00
219	Solorzano, Angel & Sar	4,000.00
220	Solorzano, Angel & Sar	4,000.00
221	Suarez, José M	1,000.00
222	Vasquez, Antonio & Mar	1,000.00
223	Villalobos, Magdalena*	1,000.00
		50,000.00
		Defaulted Contracts*

El nuevo templo del Centro Cristiano Ríos de Agua Viva. Esta foto fue tomada por el personal de la ciudad de South Gate, y está en las paredes del ayuntamiento (The City Hall) junto con las fotos de otras nuevas construcciones que han traído belleza a la ciudad

tienen una excelencia tal, que pueden servir de modelo para muchas otras iglesias.

Calendario mensual

A principios del 2000 los pastores Jacobo y Exida Martínez, cuando

El Constitución y Reglamento de la Iglesia Centro Cristiano Ríos de Agua Viva

visitaban a los miembros de la iglesia, estuvieron en el hogar del matrimonio formado por Celestino y Socorro Camacho. En aquella visita ellos les mostraron un calendario mensual que su hijo había traído de una iglesia, que él había visitado recientemente, y que servía para anunciar las actividades de esa congregación. Visto dicho calendario, a los pastores Jacobo y Exilda les gustó la idea de adoptarlo como modelo desde marzo del 2000. Así fue que, desde entonces, cada fin de mes, en el C.C. Ríos de Agua Viva se reparte ese calendario, el cual sirve para anunciar las actividades de cada mes siguiente. Este calendario fue una pieza clave en los trabajos de construcción, pues además de informar oportunamente a la iglesia respecto a sus actividades, también se le mantenía al tanto respecto a todo lo relacionado con la construcción. A continuación, se muestra el primer calendario usado en marzo del 2000.

Remodelaciones

En 2003, conscientes de la necesidad de un comedor más grande, y de una capilla para los jóvenes, se pensó en un préstamo adicional. Así fue que una vez más se refinanció la deuda que la iglesia tenía con Las Asambleas de Dios; no obstante, para este préstamo, ya no fueron necesarios los certificados. Para esta remodelación hubo que eliminar los tres espacios de estacionamiento para discapacitados que había en la planta baja de la parte de atrás del edificio (a fin de ampliar el comedor); y en estos mismos espacios, pero en la parte de arriba, se construyó una capilla. Dado que para este tiempo Fred Torres (el arquitecto y constructor que dirigió la construcción del nuevo templo) ya no estaba, hubo que usar los servicios de otra persona. Este quinto préstamo fue dado el 24 de octubre de 2003 y fue de $88,477.71. Este fue el quinto préstamo dado entre 1988 y 2003 por Las Asambleas de Dios al C.C. Ríos de Agua Viva.

Deuda cancelada

El milagro se hizo realidad, el nuevo templo estaba ahora en pie, y los obstáculos habían sido superados; Dios había escuchado las oraciones. El compromiso contraído por estos cinco préstamos, cuyo monto total era de $888,417.71 (incluyendo el último, el que fue dado en 2003), decía que la iglesia debía liquidar este monto en su totalidad el 10 de octubre de 2023 (pues se había dado un plazo de 20 años para pagar). No obstante, gracias a Dios, el 10 de octubre de 2017 esta deuda se terminó de pagar en su totalidad. Seis años antes de la fecha programada, mediante pagos siempre por encima de la cantidad estipulada mensual, se pudo terminar de pagar el total de esta deuda, es decir, el total de los cinco préstamos

El Estacionamientos para discapacitados que fueron posteriormente eliminados en el 2003

solicitados a Las Asambleas de Dios para la construcción. La gloria y la honra sean dadas al Dios Todopoderoso, al Dios de la Biblia, al Creador del universo y de todo lo que se mueve. ¡Gloria al Nombre del Señor! ¡Gracias, infinitas gracias Dios nuestro!

PARTE 5
La vida en familia
EN LOS ÁNGELES, CALIFORNIA

La llegada de Jacobo Martínez a su casa en Los Ángeles, California hizo que aquella familia se sintiera completa y feliz. Él, por reencontrarse con su esposa e hijas; ella por tener a su lado al compañero que Dios le había dado y el padre de sus hijas; las hijas, (una ya de nueve años y la otra de siete), por tener con ellas a su padre, aquel por quien tanto habían orado, y a quien sentían que necesitaban. Él las llevaba al parque, las enseñaba a montar bicicleta, las llevaba y las recogía de la escuela, oraba y leía la Biblia con ellas, les leía libros de misioneros y evangelistas (p. ej. los de Kathryn Kuhlman), etc., y las llevaba a las campañas de evangelistas como Yiye Ávila, y otros; las llevaba a las visitas que él hacia a los hospitales, etc. Quiere decir que las niñas ya no tenían que preguntar a algunos hermanos de la iglesia —como lo llegaron hacer en alguna ocasión— que si ellos querían ser su papá.

En una ocasión, recién llegado él, las llevó al parque de la ciudad de Bell. En esa ocasión, un policía se les acercó para preguntarle porqué él andaba con esas niñas; y Sara —ya con nueve años y que hablaba ya suficiente inglés— le explicó que él era el padre de ellas que acababa de llegar de Cuba. También en una de esas ocasiones, mientras las llevaba en la bicicleta, un perro se les enfrentó y le mordió en una de sus piernas.

Jacobo y Exilda, al hacerse cargo del pastorado de la iglesia, entre otras cosas, siempre apoyaron los programas de Las Asambleas de Dios para los niños y los jóvenes; particularmente los programas de Las Misioneritas (para las niñas y jovencitas) y el de Royal Rangers (para los niños y jovencitos). Y sus hijas siempre estuvieron activas en las actividades de estos programas, así como en las clases de la Escuela Dominical de la Iglesia.

Jacobo Martínez ya como pastor en la ciudad de South Gate, (condado de Los Ángeles), California

Las niñas comenzaron a crecer y sus padres, buscando lo mejor para ellas, las matricularon en escuelas cristianas por algún tiempo.

Hija Sara Ester

Sara, su niña mayor, recibió el bautismo en el Espíritu Santo a sus trece años, en una campaña con el hermano Fermín Cuní, y en ese tiempo se incorporó al Departamento de los jóvenes de la iglesia y comenzó a tomar parte activa en las actividades del grupo, desarrollando tópicos de cinco minutos en los cultos y en las actividades de ellos. El líder de los jóvenes en ese tiempo era Daniel Rubio, quien llevaba a los jóvenes a los parques y a calles principales de Los Ángeles a predicar mensajes cortos, y Sara era una de las predicadoras. Además, Sara ayudaba en las Escuelas Bíblicas de Vacaciones y en la alabanza; también en los coros con las misioneritas y con los jóvenes. Cuando Sara cumplió los 16 años fue directora local de Las Misioneritas, y a los 21 coordinadora de este mismo departamento para las iglesias de la sección (compuesta por unas 20 iglesias en aquel tiempo), dentro del Distrito Latino del Pacifico de Las Asambleas de Dios.

Sara, aún antes de terminar sus estudios de High School[6] y graduarse en 1987, comenzó a preparase para ir a una universidad cristiana: la Universidad Biola, (localizada en La Mirada, CA). Y estando ella ocupada en cumplir con los requisitos de ingreso impuestos por tal universidad, su vida tomó otro curso. Dos años antes había llegado de Juárez, México un joven de 17 años, cuñado de Daniel Rubio (el líder de los jóvenes de la iglesia por ese tiempo), llamado Ángel Solórzano. Ángel era un joven criado en una familia cristiana, quien había venido con su cuñado y su hermana Virginia a trabajar para comprarse un carro. Ángel, como músico y cantante, pronto se incorporó al departamento de alabanza de la iglesia —ya

Ángel Solorzano dirigiendo el coro de niños

---

[6] Estudios equivalentes a la enseñanza media.

que sabía, y sabe tocar el piano—, y luego empezó a dirigir el coro de los niños.

Asimismo, Ángel también pronto conquistó el corazón de Sara, la hija mayor de los pastores. Fue así que, tiempo después, el 4 de junio de 1988, ella con 19 años y él con 21, contrajeron matrimonio. La boda y la recepción la celebraron en la iglesia Iberoamérica, en la ciudad de Huntington Park, California, con una corte de 16 parejas.

Jacobo, Ángel y Sara, y Exilda

Ángel y Sara tuvieron tres hijos varones: Jonathan en 1990, Samuel en 1994 y Daniel en 1997. Sara tuvo el gozo de ser maestra en casa de sus tres hijos hasta que se graduaron de High School. Mas tarde sus tres hijos se fueron graduando en la Universidad Biola, cumpliendo ellos así, el sueño de su madre de estudiar ella en esta universidad.

Los hijos de Ángel y Sara: (de izq. a der.) Jonathan, Ángel, Samuel y Daniel

Jonathan y sus padres, su esposa y sus tres hijos

Jonathan, el hijo mayor de Ángel y Sara es un joven alto (1.83 m de estatura, es decir, seis pies). Él se graduó como licenciado en Estudios Interculturales (*Bachelor Degree*); se casó el 30 de junio de 2012 con Chelsea Jean (hoy Solórzano).

Chelsea es norteamericana y la descripción que ella tiene de sí misma en Facebook es la siguiente: «Esposa, mamá, consejera familiar, amiga, terapeuta, seguidora de Jesús».

Jonathan y Chelsea estudiaron ambos en la Universidad cristiana Biola. Se conocieron en un viaje misionero a Guatemala que organizó la universidad, eran un grupo de ocho estudiantes.

Tanto ella como él habían estudiado hasta la High School en casa, es decir, ambos eran *homeschoolers;* y cuando se graduaron de la carrera que estudiaron en Biola —teniendo ambos 21 años de edad—, se casaron.

Luego ella quiso cumplir un sueño que siempre tuvo: hacer su Maestría en la universidad en donde estudió Billy Graham (Wheaton College, en Illinois), fue esa la razón de irse a vivir a Chicago. Sin embargo, al graduarse ella de Consejera Matrimonial y Familiar (MFT) permanecieron allí para que adquiriera experiencia en lo que había estudiado, y al acomodarse en Chicago, adquirieron una casa propia y se radicaron en esa ciudad (hasta hoy, año 2022). Jonathan y Chelsea son hoy padres de tres hijos: Benjamín (Benny, Timoteo (Timmy) y Febe (Fibby). Jonathan también ayudó mucho a la iglesia editando los primeros programas de televisión del programa *La Biblia y usted*.

La boda de Samuel y Areli; aquí Samuel con sus padres y sus dos hermanos

Samuel, el segundo hijo de Ángel y Sara, es más alto que Jonathan (1.93 m de estatura, es decir, seis pies cuatro pulgadas). Teniendo un gran talento para la música, actualmente Samuel está a punto de terminar una licenciatura en composición musical y graduarse como músico profesional.

Samuel se casó el 19 de mayo de 2022 con Areli González (hoy Solorzano): una chica mexicana que estudió Liberal Studies/Elementary Education en Biola University y Master of Arts in Teaching también en Biola University. Actualmente Areli trabaja en el South Whittier School District.

Samuel ha sido asesor musical para el ministerio de alabanza, y Areli, aparte de ser maestra de escuela pública, es la directora del ministerio de danza con panderos de la iglesia.

Samuel, aquí tocando el contrabajo (uno de los instrumentos que sabe tocar) en uno de los conciertos de la escuela

Daniel, el hijo menor de Ángel y Sara, es aún soltero. Tiene una licenciatura en psicología, y estudia actualmente una maestría en consejería con especialidad en la niñez y adolescencia. Se espera graduar en el 2023. Actualmente, Daniel es maestro de la Escuela Dominical de la clase de los de High School y camarógrafo en los servicios de la iglesia.

A través de los años Ángel y Sara han permanecido fieles al Señor, al C.C. Ríos de Agua Viva, y a la obra de Dios en general. Los dos se han dedicado a la predicación tanto en la iglesia local, como en el programa de TV *La Biblia y usted*, programa que por años el CCRAV ha mantenido en diferentes canales locales de la zona, y también en varias iglesias de California, de Canadá y de México. También, Sara ha predicado en iglesias, campañas, retiros, y eventos de mujeres tanto en California y Texas como en otros lugares.

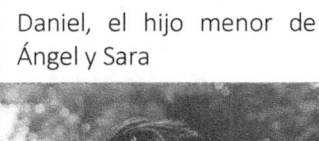

Daniel, el hijo menor de Ángel y Sara

Ángel, por 20 años, desde 1988 hasta 2008, sirvió en el C.C. Ríos de Agua Viva como músico, cantante y líder de alabanza. También sirvió como líder de los jóvenes, líder de los varones, y como director y maestro de la Escuela de música local. También Ángel sirvió como maestro de Alabanza y Adoración; sirvió también en la Escuela Bíblica de la iglesia, y ayudó al pastor Jacobo Martínez en los programas de TV *La Biblia y usted* (tanto en la predicación como en la edición de los programas).

Los tres hermanos Solórzano el día de la boda de Samuel, en mayo de 2022

De igual manera, Ángel, junto con su esposa, sirvieron como co-pastores de Jacobo Martínez por 15 años, desde 1997 hasta 2013,

Ángel y Sara en Toronto, Canadá, con los pastores Eusebio y Carmina Pérez, pastores de la Iglesia Evangélica Hispana de Las Asambleas de Dios

año en que los pastores Jacobo y Exilda les pasaron el manto del pastorado y fueron oficialmente instalados como los nuevos pastores de la iglesia en que por tantos años sirvieron. Ángel y Sara cursaron sus estudios teológicos en LABI College y en Global University (dos instituciones de Las Asambleas de Dios), y mantienen sus credenciales de ministro de Las Asambleas de Dios desde 2012 hasta el día de hoy.

Ángel ministrando en el canto y la predicación en Ciudad Juárez, México en la Iglesia Betania, pastoreada por Daniel y Virginia Rubio

Hija Loida Lidia

Loida Lidia, la hija menor, la más chiquita, la más mimada, nació el 23 de noviembre de 1970. En su niñez tuvo que ser operada de su garganta, donde le sacaron las amígdalas.

En su niñez tuvo problemas con sus tareas de la escuela, no las podía hacer, y su mamá, debido a estar limitada por el idioma, no la podía ayudar mucho, y en esa época tampoco sabía que podía buscarle un tutor para que la ayudara (como ella lo hace hoy con sus hijas); sin embargo, con todo, pudo graduarse de High School en la ciudad de South Gate, California, donde residía, siendo parte de la clase 1984-1988.

En aquellos tiempos, cuando Loida incumplía con sus tareas, uno de los directores le dijo. «Tú nunca vas a llegar a nada en la vida». Afortunadamente

Loida Lidia acompañada por su hermana Sara el día de su graduación de High School

ella no le creyó, y aquel comentario, más bien, le ayudó para levantar su ánimo y decir: «Yo le voy a demostrar a esta persona que está equivocada». Fue entonces cuando Dios le proveyó un maestro positivo, un maestro de inglés que se llamaba Bill Chaney. Este la inspiró y la motivó a dedicarse a sus estudios, y fue debido al empuje de esta persona que ella se puso al día en sus estudios.

Loida Lidia, motivada por aquella nueva decisión de mejorar en sus estudios y levantar sus calificaciones, se matriculó en un colegio comunitario (Community College) y después en la universidad. Luego, en 1994, logró graduarse de la Universidad Estatal de California, Domínguez Hills en Carson California con una licenciatura (*Bachelor Degree*) en Liberal Studies (Magna Cum Laude '94). Dos años más tarde, en la misma universidad, obtuvo una maestría en educación multicultural (Master's Degree, Education Milticultural '97. Esto se llevó a cabo el 28 de mayo de 1994.

Todo esto la condujo a adquirir tres credenciales con las que hoy cuenta:

1. En 1997 una Credencial profesional de enseñanza primaria de múltiples materias.
2. En 2002 adquirió una credencial de educación especial nivel II.
3. En 2015 una credencial para enseñar español en la preparatoria.

En el verano de 1994 Loida Lidia fue a Sevilla, España acompañada por la hermana Patricia Cubas, hija de los hermanos Cubas. Ellas fueron a recibir un curso de literatura que estaban ofreciendo. En ese tiempo Loida Lidia comenzó los trámites necesarios para hacerse ciudadana norteamericana, ocasión que aprovechó para hacerle cambios a su nombre. El día 13 de julio de 1995, juramentó y recibió su diploma de ciudadana. Desde ese día, ya no sería más Loida Lidia, sino que su nombre sería Lidia Loida. Hasta ese entonces ella había sufrido por el hecho de que su primer nombre, Loida, no podía ser pronunciado bien (o traducido) por los de habla inglesa. También Lidia Loida, en el verano de

1997, visitó Cuba acompañada de su padre, donde tuvo la oportunidad de impartir enseñanzas a los niños de la Escuela Dominical de la iglesia madre de Las Asambleas de Dios en La Habana.

Lidia Loida, después de graduarse, obtuvo su primer trabajo como maestra de niños con problemas de aprendizaje. Y mientras desempeñaba este trabajo, una compañera —maestra también—, le habló de su hermano, un joven que dudaba de que existieran muchachas honestas que pudiesen desempeñar bien el rol de esposas. No obstante, la amiga de Lidia Loida le habló también a su hermano de ella. Le dijo que Lidia Loida era diferente: «Se viste diferente, habla con recato, no sale con nadie...». Fue entonces que ambos quisieron conocerse, se conocieron, y fue así que él, de padre panameño, y

Héctor y Lidia Loida Huffington

Héctor y Lidia Loida con sus dos hijas Leah y Sofía

Leah (Líah) la hija mayor de Hector y Lidia Loida Huffington, aquí cuando se graduó en Los Alamitos High School en el año 2021. Actualmente (año 2022) ya cursó su primer año en la Universidad Lewis and Clark College en Portland Oregón

Sofía, la hija menor de Héctor y Lidia Loida, nacida el 17 de octubre de 2005, actualmente asiste a Los Alamitos High School

nacido en EE.UU., y Lidia Loida, hija de los pastores Martínez, después de un tiempo de noviazgo, contrajeron matrimonio el 31 de julio de 1999.

Lidia Loida y su esposo Héctor Huffington tuvieron dos hijas, Leah (nacida en 2003) y Sofia (nacida en 2005). Actualmente ellos viven en el condado de Orange, California. Ella trabaja para el distrito escolar de ese condado como maestra de español (enseñando a jovencitos de 14 a 18 años, es decir, los del grado 9 al 12). Y ellos, debido a que el español de Héctor es limitado, desde que se casaron, se han congregado en iglesias de habla inglesa.

Sofia está tomando clases de escultura. A ella le gusta el arte de modelar materiales como la arcilla, por ejemplo. Nació con una marca en la frente, la cual no la acompleja, sino más bien, se siente

El día 30 de julio de 2021, Exilda y sus hijas Sara Ester y Lidia Loida cumplieron 50 años de haber llegado a EE.UU. Aquí Exilda, su hija Lidia Loida y sus nietas Leah y Sofía

contenta por los muchos que se le acercan para preguntarle qué le pasó en la frente. Esta es una oportunidad para hacer amigos.

La iglesia

La iglesia Centro Cristiano Ríos de Agua Viva fue fundada alrededor del año 1972, por cubanos. Sus primeros miembros fueron cubanos; sin embargo, a medida que han pasado los años, hermanos de México y de diferentes países de América Central y Sudamérica se han ido cobijando bajo sus alas, teniendo como resultado el día de hoy, en el año 2022, una congregación multicultural, con cerca de 13 nacionalidades diferentes.

Hoy, la iglesia cuenta con hermanos de México, que son la mayoría. Le siguen los de El Salvador, y después de estos los de Guatemala, después los hondureños, los nicaragüenses, los colombianos, los peruanos, los chilenos y los ecuatorianos. Y del Caribe, se cuenta con alguno que otro de Puerto Rico, de Santo

Domingo y de Cuba. La iglesia también cuenta con los descendientes de estos, nacidos en EE.UU. y criados en la iglesia, los cuales han permanecido como parte de ella.

La iglesia también cuenta con miembros profesionales, entre los cuales están ocho maestros de escuelas públicas, y una enfermera; un ayudante de médico, un pediatra, un ingeniero, un músico profesional, así como algunos electricistas, por mencionar a algunos. También la iglesia siempre ha contado con predicadores que han sido una gran ayuda para la alimentación espiritual de la iglesia, entre los que están: David E. Morán y Rolando Franco, los que por más de 25 años han permanecido fieles al Señor en el C.C. Ríos de Agua Viva. Y otros, que han llegado en los últimos años, los cuales también ayudan como predicadores.

Ministerios locales

En el tiempo del pastorado de Jacobo y su esposa en el C.C. Ríos de Agua Viva (34 años) aparte de la construcción del nuevo templo, se lograron alcanzar algunas metas importantes. Esto debido a la misericordia de Dios y a su poder, pues Él es un Dios grandioso que escucha la oración persistente de su pueblo.

1. Un programa de radio por cuatro meses, de abril a julio de 1995. Este se transmitía los martes a las 12:01 y se llamó *Emanaciones del Calvario*.

Programa de televisión La Biblia y usted

2. El programa de televisión *La Biblia y usted*, transmitido por varios años.
3. La escuela de música Ríos de Agua Viva, en la que se han enseñado a tocar varios instrumentos musicales. De este trabajo existen hoy buenos frutos.
4. La Escuela Bíblica Ríos de Agua Viva, de la que llegaron a graduarse varios hermanos, muchos de los cuales hoy están activos en diferentes ministerios. A continuación, el currículum de estudios de la Escuela Bíblica Ríos de Agua Viva:

Escuela Bíblica Ríos de Agua Viva
Currículum de Estudios para 3 años

PRIMER AÑO: Trimestre Invierno
101 Introducción Bíblica
102 Vida Cristiana
103 Introducción a la Teología
Trimestre Primavera
104 A. T. I (Pentateuco)
105 N. T. I (Evangelios)
106 Intercesión y Guerra Esp.
Verano
107 Pedagogía y Discipulado I
Trimestre Otoño
108 Teología I (Dios, Trinidad)
109 N. T. II (Hechos/Romanos)
110 Historia y Geografía Bíblica

SEGUNDO AÑO: Trimestre Invierno
201 N. T. III (Epístolas)
202 Teo. II, (Cristo, Ángeles, Demonios)
203 A. T. II (Historia/Sabiduría)

Trimestre Primavera
204 Teo II (Salvación, Espíritu Santo, Iglesia)
205 A. T. III (Profetas Mayores/Menores)
206 Misionología
Verano
207 Pedagogía y Discipulado II
Trimestre Otoño
208 Teología IV (Escatología)
209 Historia de la Iglesia
210 Alabanza y Adoración

TERCER AÑO: Trimestre Invierno
301 Teología Contemporánea
302 Religiones y Sectas
303 Hermenéutica
Trimestre Primavera
304 Religiones y Sectas II
305 Consejería Pastoral
306 Homilética
Verano
307 Ministerios de ayuda
Trimestre Otoño
308 La Iglesia y el Estado
309 Crecimiento de la Iglesia (Células)
310 Práctica Ministerial

Los graduados

En 2001 se graduaron: Lucy Castillo, Gabriela Cuevas, Armida Arévalo y José de Jesús Arévalo.

En 2003 se graduaron: Erwin Cardona, María Lepe, Plinio Schmidt, Nélida Cortés, Victoria Arévalo, Marina Mallo, Cynthia Castillo, y Javier Coronel.

Los graduados en el 2003

Los graduados en el 2012 junto con los que sirvieron como maestros

Librería cristiana Tesoros del Calvario (1983-2012)

Librería cristiana Tesoros del Calvario (otra vista)

En 2005 se graduaron: German Chong, Lourdes Pérez, Damaris Ramírez, y Primo Sánchez.

En 2012 se graduaron: Rachel Velázquez, María G. Vázquez, Leiden Patricia Reyes, Idalia Castro, Patty Kotscheff, Sofía Escandón, María Cervera, y Carlos Calderón. Maestros: Sara Solórzano, Jonathan Solórzano, Elí Paz, Israel Méndez, David Morán, José Saldaña y Ángel Solórzano.

5. Una librería cristiana que estuvo abierta al público por 29 años, llamada Tesoros del Calvario (desde el 25 de junio de 1983 hasta el 12 de diciembre de 2012).

Fueron diferentes hermanos los que trabajaron atendiendo la librería en todos los años en que estuvo operando. No obstante, se destacan dos de ellos (por ser los que más años estuvieron al frente): Arsenio P. Mora Rosal (papá de Exilda), quien trabajó por ocho años; y Nélida Cortés Dueñas, por 17 años.

6. Células en los hogares, las que permitieron, además de ganar almas nuevas, la predicación y enseñanza del evangelio de Cristo en diferentes partes de la ciudad y en las ciudades alrededor de esta. Y también, el desarrollo de los

Arsenio P. Mora Rosal

líderes que las atendían. Hubo tiempos cuando se llegaron a tener 20 células, pero estas se desorganizaron en el 2020 debido al tiempo de pandemia.

Nélida Cortés Dueñas

7. Un ministerio de danza con panderos donde jovencitas alaban al Señor.
8. Iglesias hijas, dos de las cuales han permanecido a través de los años, una en Moreno Valley, CA (llamada Ríos de Agua Viva No. 4, con los pastores Jorge y Patricia González); y la otra en Gran Prairie, TX (llamada Ríos de Agua Viva No. 3, con los pastores Eduardo y Carmela Rosales).

La visión

La Escuela Bíblica RAV estuvo activa durante varios años, y fue en una ocasión, a finales del 2002, cuando buscado material auxiliar

Ministerio de danza con panderos de CCRAV

para la clase #309, clase llamada Crecimiento de la Iglesia (la cual se impartiría del 29 de agosto al 28 de noviembre de 2002), que la directora, Exilda Martínez, se encontró con un libro traducido al español del pastor Larry Stockstill, pastor de la iglesia Betania en Baton Rouge, Luisiana llamado *La Iglesia Celular*. La maestra a la que se le entregó el libro, la hermana María Lepe, unos días después regresó muy contenta con el libro por el plan de evangelismo que el libro presentaba.

Este libro los llevó a comunicarse con su autor para recibir más indicaciones de cómo implantar el plan que presentaba el libro; y por sugerencia de los de Betania, líderes de la iglesia Centro Cristiano Ríos de Agua Viva viajaron a Baton Rouge, Luisiana para ser enseñados por ellos. Esta iglesia en Luisiana tenía su plan original, pero en sus instrucciones ponían como ejemplo el Programa (todo en español) de Cesar Castellanos de Colombia, llamado *La Visión Celular y los G12*.

Ya hacía años que CCRAV trabajaba con células, usando los métodos y la experiencia que el pastor David Yonggi Cho de Corea del Sur presenta en su libro *Secretos del crecimiento de la iglesia*. No obstante, el plan de Cesar Castellanos de Colombia para el trabajo celular incluía algunas formas de trabajo novedosas, que prometían que tendrían gran alcance.

A principios del 2003, CCRAV comenzó a familiarizarse con el material de los Castellanos (el cual estaba todo en español), y que era útil para las células, para los retiros llamados *Encuentros* y para discipular a los nuevos convertidos con el plan de los 12, etc. De ello hubo resultados positivos: almas alcanzadas en las células, personas liberadas en los retiros, nuevos lideres que surgieron, frutos o resultados que a través de los años han permanecido. Y fue entonces cuando se comenzaron a escuchar voces de creyentes de diferentes ministerios cristianos, los cuales alertaban a otros respecto a ciertas incoherencias en la visión de Cesar Castellanos y de los G12. Estas voces condujeron a que, en el 2007, algunos matrimonios y hermanos de CCRAV, influenciados por lo que oían y leían, decidieran retirarse y abandonar la iglesia. Este suceso hizo que la iglesia descontinuara por completo todo aquello a lo que se le llamaba «la Visión». Durante todo el tiempo en que se usó este sistema, nunca se tuvo ninguna clase de comunicación con los Castellanos, sino todo se hizo leyendo y estudiando sus libros y teniendo contacto con otras iglesias locales hermanas de la zona, las cuales estaban en lo mismo. Se regresó entonces a los métodos que siempre se habían usado.

Hoy, la iglesia CCRAV está muy agradecida con el Distrito Latino del Pacífico de Las Asambleas de Dios, al que ha estado afiliada ininterrumpidamente desde sus comienzos en 1972, por haberles permitido usar las instalaciones del Instituto Bíblico de Las Asambleas de Dios en la Puente California (el cual les rentó) para que allí se celebraran algunos de los retiros llamados *Encuentros*, los cuales la iglesia organizó por ese entonces. Hoy, en el año 2022, al pasar el tiempo, se ha llegado a la conclusión de que aquel movimiento —quizá porque sus lideres eran nuevos convertidos y trataron de manejarse solos—, cayó en extremos que no pudieron ser aceptados por todo el cristianismo evangélico tradicional.

Cartas y mensajes recibidos

A continuación, las cartas y mensajes de agradecimiento y de reconocimientos dirigidos a los pastores Jacobo y Exilda:

<u>1. Del pastor Eduardo Rosales García, de la Iglesia Cristiana Ríos de Agua Viva en Grand Prairie, Texas.</u>

«Doy gracias a Dios por el privilegio y la oportunidad de escribir una nota acerca de mis primeros pastores, los hermanos Jacobo y Exilda Martínez.

Para mí, ellos han sido un gran ejemplo, una pareja que me ha ayudado mucho en mi vida espiritual. Ellos han sido mis padres

Pastores Eduardo y Carmela Rosales, pastores de Iglesia Cristiana Ríos de Agua Viva (iglesia hija), en su 13 aniversario del pastorado de ellos; y foto del templo

espirituales, los que Dios me ha prestado hasta el día de hoy (marzo de 2022).

Después de dos años de aprendizaje y de enseñanzas, Dios nos mandó a mi esposa y a mí a una misión pastoral

en Texas. Y durante los 15 años que hemos pastoreado esta iglesia, he tenido el privilegio de ser visitado por el pastor Jacobo en varias ocasiones. Esto ha sido de mucha motivación para mí. Quiero agregar, que sin el apoyo de nuestros pastores Martínez, junto con el de los pastores Solórzano, hubiera sido mucho más difícil continuar en la obra de Dios.

Una de las anécdotas que recuerdo de mi pastor es que Dios le ponía el sentir de ponerme a leer la lectura bíblica en las reuniones en el templo; y yo era muy tímido y rechazaba tales oportunidades, sin saber que era Dios el que me estaba llamando al ministerio. «Siempre mire a los hermanos, y hable con seguridad». Estos fueron los consejos y las palabras de los pastores Martínez. Que Dios los siga bendiciendo y usando grandemente en el ministerio, porque ellos tienen mucho que dar todavía.

Estos textos me recuerdan a mis pastores:

Hebreos 13:7 «*Acordaos de vuestros pastores, que os hablaron la palabra de Dios: considerad cuál haya sido el resultado de su conducta, e imitad su fe*».

Hebreos 13:17 «*Obedeced a vuestros pastores, y sujetaos a ellos; porque ellos velan por vuestras almas, como quienes han de dar cuenta; para que lo hagan con alegría, y no quejándose, porque esto no os es provechoso*».

Sinceramente, pastor Eduardo Rosales García.

Iglesia Cristiana Ríos de Agua Viva en Grand Prairie, Texas.

2. De Migdalia Martínez, hermana en la fe, compañera de trabajo y amiga de Exilda desde que se conocieron (desde 1978 al presente). Comentario publicado en Facebook el 29 de marzo de 2022.

«Conocí a la hermana Exilda Martínez por primera vez en una visita que hice a la Iglesia Iberoamérica en Huntington Park, CA en el año en que llegué de Pittsburg, PA, en 1972.

No obstante, pude conocerla mejor cuando trabajamos juntas en una compañía llamada KM Industries. Desde entonces tuvimos una buena relación... La hermana Exilda tiene un carácter muy especial; por ello, su buen testimonio y buen comportamiento impactó a unas cuantas señoras que nunca habían oído el evangelio. Esto le dio oportunidad para empezar una reunión a la hora del almuerzo e iba un buen grupo. Recuerdo que una de ellas aceptó al Señor, y me dijo que Dios la había cambiado totalmente.

La hermana Exilda nunca muda su estado de ánimo, sin importar cómo marchen las cosas. Siempre se está riendo, y con ese carácter risueño que la caracteriza, siempre tiene una palabra de aliento. Es también una excelente predicadora y maestra.

Aunque estuvo siete años sola con sus niñas (ya que su esposo —el hermano Jacobo— no podía reunirse con ellas), no por eso dejó de servir al Señor, y nunca la oí quejarse de nada.

Yo estaba en la Iglesia Los Pinos Nuevos en South Gate, California cuando el hermano Israel Aguilera era el pastor; y cuando los hermanos Aguilera salieron, el hermano Jacobo y su esposa Exilda tomaron la iglesia y yo estuve con ellos unos meses (pues nos mudamos a Filadelfia).

Les puedo decir que los hermanos Martínez fueron un ejemplo muy grande para mi vida. Son unos hermanos muy consagrados, aman la obra del Señor y le han servido con amor. Los quiero mucho y nos mantenemos siempre en contacto».

3. De Sara Ester Solórzano, hija mayor de Jacobo y Exilda, comentario escrito y entregado en marzo de 2022.

«Mi madre Exilda Martínez es una mujer honorable, dedicada y esforzada. Su trayectoria ha sido impresionante. Desde su juventud ella se determinó a servir a Dios, y a su familia y a ejercer su ministerio. Y todo lo ha hecho bien, con buen fruto.

Su llamado como maestra de la Palabra y predicadora ha sido dado por Dios de una manera muy especial. Desde muy joven ella mostró un gran amor por la Palabra de Dios y por la excelencia. Su deseo más grande siempre ha sido avanzar, apoyar, y desarrollar líderes locales. Ha mostrado tener un don para ayudar a otros a crecer, a madurar y a avanzar en la obra del Señor.

Nuestra familia puede dar testimonio de la increíble mujer que es mi madre. Ella está siempre lista para inspirar, y creer en nosotras sus hijas. También ella se ha mantenido creyendo y apoyando el ministerio de su esposo, de su yerno y de sus nietos. Su apoyo espiritual, emocional y personal constantemente ha estado presente para todos los miembros de su familia.

Mi madre ha demostrado ser una mujer visionaria, fuerte, sin temor a avanzar, sin temor a hacer cosas nuevas, y siempre preparándose para el futuro. Ve el potencial y el liderazgo en otros y les da oportunidad para que crezcan y desarrollen sus talentos. Ella así se ha dedicado a apoyar, afirmar e inspirar a otros para que sigan adelante.

Su labor como directora, empresaria y administradora de la Escuela Bíblica ha sido excelente. También ha invertido su tiempo en muchos estudiantes, en la mentoría espiritual y en la capacitación de ellos, para hacerles líderes y futuros pastores. Su vida ha sido una inspiración, la admiramos y la amamos mucho. Nuestra madre es muy especial para nosotros».

4. Mensajes publicados en Facebook dirigidos al pastor Jacobo Martínez, cuando cumplió 85 años (15 de marzo de 2022).

De: Esteban Emilio Batista
«Jacobo y Exilda, mis antiguos pastores, soy Emilito. Les deseamos lo mejor de parte del Señor. Estamos esperando un nuevo año y deseamos que la gloria postrera de su iglesia sea mayor que la primera. Saludos desde Miami».

De: Hermana Miriam A Paz
«Feliz día y mes de apreciación para los pastores Jacobo y Exilda Martínez: ustedes son muy queridos y recordados por su gran labor y amor, y por su obediencia siempre constante a la voz de Dios. Gracias por tocar nuestras vidas de tantas formas. Filipenses 1:3 "Doy gracias a mi Dios siempre que me acuerdo de ustedes," Dios les bendiga siempre».

De: Evelyn Wallach.
«Gloria A Dios. Muchas felicidades al pastor Jacobo, quien fue mi primer modelo de hombre de Dios. Un hombre de oración; un hombre que cuidó de sus ovejas; un modelo de esposo y padre. Un hombre que eternamente recordaré y respetaré. Dios continué bendiciendo a nuestro pastor. Abrazos».

De: Primo Sánchez

«Felicito a mi pastor Jacob; un hombre de oración, ayudador, responsable, muy puntual. Él cumple lo que está escrito en 1 Timoteo 3:1-7. Que Dios lo bendiga siempre; lo amo mi hermano pastor Jacobo Martínez».

De: Julio Gaspar

¡Muchas felicidades mi pastor Jacobo! Mi pastor de toda la vida. Hemos pasado momentos felices en Dios; que Dios lo siga fortaleciendo y siempre le dé salud. ¡Feliz cumpleaños mi pastor!

5. Mensaje de Rosa Linda Limón publicado en Facebook para el pastor Jacobo Martínez el Día del Padre (2022).

Felicidades en este día del padre; que la pase de lo mejor. Gracias, porque su hermosa actitud y su ejemplo me acercaron a la que ahora considero mi iglesia. Ahora tengo a Jesucristo como la Roca de mi fe y esto es lo más hermoso que me ha pasado. Gracias a usted, amado pastor, por haberse detenido a orar por mí cuando yo se lo pedí. No sé si se acuerda, usted iba de salida y yo le pedí que orara por mí; entonces usted se devolvió y por esa acción siempre le estaré agradecida. Agradezco a Dios por haberlo puesto en mi vida.

> ¡Gracias hermanos, por sus palabras, que Dios los bendiga abundantemente a todos!

Aniversarios de matrimonio

En diciembre de 2006, Jacobo y Exilda celebraron su 40 aniversario de matrimonio. Y diez años después, en 2016, celebraron su 50 aniversario. En las dos ocasiones se hizo una celebración para dar gracias a Dios por su cuidado, su dirección y su protección durante todos esos años, años en los cuales Él les había permitido servirle juntos como matrimonio.

Jacobo y Exilda en su 40 aniversario matrimonial

Llegadas y fallecimientos de familiares

El matrimonio Martínez pudo ver llegar y recibir a algunos de sus familiares que llegaron de Cuba. A continuación, una pequeña narración de cuatro de ellos.

Arsenio P. Mora Rosal (Sr.) papá de Exilda

Arsenio P. Mora Rosal (Sr.): El padre de Exilda llegó de Cuba el 8 de diciembre de 1982 a sus 68 años, cuando fue invitado por su hija para que los visitara. A los 17 días de haber llagado, él aceptó a Cristo en el programa de Navidad de la iglesia, y decidió quedarse permanentemente en EE.UU. Se bautizó en 1983 y comenzó a hacerse cargo de la librería cristiana Tesoros del Calvario desde entonces y hasta que partió con el Señor el 13 de marzo de 1993, a sus 78 años de edad; luego de una corta batalla contra el cáncer de colon. Sus restos descansan hoy en el cementerio Forest Lawn Park en la ciudad de Glendale, California.

Arsenio C. Mora Fernández (Jr.), hermano de Exilda: cuando después de mucha oración y espera el hermano de Exilda pudo salir de Cuba, estuvo en Panamá por seis meses, mientras se hacían las gestiones pertinentes para su inmigración a los EE.UU., a sus 44 años de edad. Con él venían Arelys (su esposa) y sus hijos (Rubén y Ricardo). Después de servir en el C.C. Ríos de Agua Viva, predicando y enseñando, el 3 de agosto de 1997 fue instalado como pastor de la iglesia Cristo te Ama, Ven, en la ciudad de Wilmington, California; y ahí pastoreó por diez años. Arsenio C., vio casarse a su hijo Rubén y conoció a sus dos nietos (hijos de Rubén y Patty Cubas), llamados Joshua y Keilah, pero no logró ver el casamiento de su hijo Ricardo con Elisa Guichard, ni conoció a la hija de estos (su nietecita Leilah). Su hijo Rubén Mora hoy (año 2022) es un predicador evangelista muy usado por Dios, y Ricardo trabaja con los jóvenes de la iglesia en la que se congrega.

Llegada de Arsenio C. Mora Fernández (Jr.), hermano de Exilda, con su esposa e hijos, detrás de la mamá de él y de otra persona

El 2 de junio de 2007, a sus 65 años, después de tres meses y nueve días del diagnóstico de tumores en la cabeza, Arsenio pasó a estar con el Señor. Sus restos descansan hoy en All Souls Cementery en la ciudad de Long Beach, California.

Arsenio C. Mora Fenández (Jr.), hermano de Exilda, años después de su llegada. Aquí con sus hijos Rubén y Ricardo, su nuera Patty Cubas, su nieto Joshua y su esposa Arelys Rosell. (Su nieta Keilah aún no había nacido y su hijo Ricardo no se había casado todavía)

Eliezer Mora Rosal (tío de Exilda): El tío de Exilda había sido apresado por el gobierno de Fidel Castro por ser miembro del ejército anterior. Estuvo preso desde enero de 1959 hasta el 15 de septiembre de 1986 (28 años), cuando hubo un convenio entre el gobierno de EE.UU. y Cuba para liberar a algunos presos políticos. Llegó a South Gate, California directamente de la cárcel en Cuba, lugar en donde su hermano Arsenio P. y sus sobrinos Exilda y Arsenio C., lo recibieron. Este último lo recibió en su casa, y lo llevó a la iglesia. Eliezer tenía un corazón lleno de odio por las cosas que vivió en la prisión, pero al escuchar el evangelio, luego de algún tiempo, aceptó al Señor Jesús y fue libre de todo aquel odio que carcomía sus huesos.

Eliezer Mora Rosal, tío de Exilda

El testimonio que dejó escrito Eliezer —ya convertido— indica que entendió por qué Dios lo libró de la muerte por fusilamiento y de algunos momentos de gran peligro que vivió en la prisión: todo había sido por la intercesión de sus familiares, quienes constantemente habían estado orando por él. Eliezer nació el 6 de julio de 1918, y con subidas y bajadas, permaneció en el Señor hasta su fallecimiento, el 16 de febrero de 2006, de un paro cardiorrespiratorio a los 78 años de edad. Sus restos descansan hoy en Hollywood Hill, en la ciudad de Los Ángeles, California.

Gracia Nila Fernández Vargas, mamá de Exilda: Gracia Nila fue la primera de la familia en llegar a EE.UU., quien, animada por su hijo, aceptó venir sola en 1970 a casa de Enéida Fernández (Lam), quien por ese tiempo la había reclamado. Ella sufría de trastorno obsesivo compulsivo (que es una afección mental que en su tiempo no era muy conocida). Permaneció fiel al Señor, congregándose en la Iglesia Iberoamérica, y después en el C.C. Ríos de Agua Viva, hasta su partida con Cristo. Su ministerio fue la intercesión. Su lista de peticiones era larga, y muchas de esas peticiones fueron contestadas. Tuvo una larga vida, pues, nacida el 23 de julio de 1920, vivió casi 97 años, cuando el 23 de abril de 2017 finalmente partió con

Gracia Nila Fenández Vargas, mamá de Exilda

el Señor debido a un paro cardíaco y aterosclerosis. Sus restos descansan hoy junto a los de su esposo en el cementerio Forest Lawn Park, en la ciudad de Glendale, California.

Obreros

Durante el tiempo de su pastorado, Dios permitió a los hermanos Martínez ver, de entre los alcanzados para Cristo en Ríos de Agua Viva, como de entre los que se unieron a ella procedentes de otros lugares, muchos que fueron llamados a servir a Dios en su obra, los cuales se convirtieron en obreros activos y se dedicaron a servir de diferentes maneras. A continuación, algunos de ellos. Los marcados con un asterisco (*) son los convertidos en Ríos de Agua Viva.

Rogelio Rivera*
Eduardo y Carmela Rosales*
Roberto* y Socorro Álvarez
Louise Chong*
Lester Larios*
María Lepe*
Juan Villalobos*
Mario y Lucía González*
Jesús y Victoria Arévalo*
Jorge y Leticia González*
Javier Coronel*
David Herrera
Primo Sánchez
Arsenio C. y Arelys Mora
Rubén y Patricia Mora
Martín Pérez
Rolando y Aura Estrada
Carlos Calderón
Daniel y Virginia Rubio
José Manuel Herrera

José García
Rodolfo y Lucía Mendoza
Ángel y Sara Solórzano

Traspaso del pastorado

El día 10 de febrero de 2013 fue un día memorable para el Centro Cristiano Ríos de Agua Viva en la ciudad de South Gate, California. Ese fue el día que, mediante el plan divino y llegado el tiempo de retiro de los pastores Jacobo y Exilda, el pastorado fue transferido al yerno y a la hija de ellos, Ángel y Sara Solórzano.

Pastores Ángel y Sara Solórzano

Esta iglesia situada en el 8969 State St., en la ciudad de South Gate, CA y la que Jacobo y Exilda, juntos, habían pastoreado por 34 años, quedaba ahora al cuidado de aquella pareja joven. Para la ceremonia oficial de traspaso del pastorado se organizó un servicio especial, en donde se citó a toda la membresía y al liderazgo de la iglesia, así como al presbítero del Distrito Latino de las Asambleas de Dios a la que está afiliada la iglesia, al Rev. Pablo Duke. También se citaron a los pastores de las extensiones de Ríos de Agua Viva en Moreno Valley, Texas y Tijuana. Allí los hermanos Ángel y Sara Solórzano, que ya en reuniones previas habían sido aceptados por la membresía del momento, fueron ungidos y presentados a la iglesia como sus nuevos pastores.

Han transcurrido ya nueve años desde aquel día, y haciendo hoy un breve recuento de estos años, podemos decir que Dios los ha usado para que esta iglesia siga adelante; bendecida y bendiciendo a todos los que han llegado para ser cobijados por ella. En estos nueve años la iglesia ha crecido, se ha fortalecido, los ministerios de varones, damas, jóvenes, Escuela Dominical, Royal Rangers, Las Misioneritas, discipulado, alabanza, diaconado, video producción, etc. han trabajado con excelencia.

Aplicación (App) del Centro Cristiano Ríos de Agua Viva

Han surgido nuevas formas de trabajo, y hoy, no solo tenemos alcance local alrededor de nuestra comunidad, sino también se está llegando al mundo entero usando y aprovechando las redes sociales, aplicaciones y nuevas tecnologías existentes, transmitiendo en vivo los servicios de la iglesia por computadora, teléfonos celulares y televisión, haciendo así avanzar el reino de Dios con la predicación de su Palabra.

También, a través de la aplicación de la iglesia CCRAV, las personas tienen la oportunidad de cooperar financieramente para seguir llevando adelante todas estas labores.

La pandemia

La pandemia fue algo imprevisto, algo que nos tomó de sorpresa a todos. No obstante, Dios, de manera sorprendente, dirigió a los nuevos pastores para que, haciendo uso de la tecnología existente, pudieran enfrentar los nuevos desafíos.

Cuando la iglesia no podía abrir sus puertas, ellos hacían sus servicios en el templo con las sillas vacías, con cantos y predicación; los grababan y los publicaban en Facebook y Youtube, y después, por medio de mensajes de texto, lo anunciaban a todos. Mas tarde, cuando las autoridades lo permitieron, tuvieron los servicios en el estacionamiento de la iglesia, al aire libre, con la distancia requerida, lo que hacía que la gente no temiera al contagio y que la mayoría llegara.

Fue un tiempo cuando tuvieron que orar y contestar muchas llamadas de enfermos en los hospitales, de moribundos, de personas llenas de temor, de desánimo por causa de ellos y de sus parientes. Tiempos en que llevaban comida y la dejaban en la puerta de los contagiados con el covid-19, y de indagar por los que no se reportaban.

Gracias a Dios por todos los hermanos y hermanas quienes, manteniendo la fe, hicieron uso de la aplicación de CCRAV para enviar las donaciones; dinero que fue de mucha ayuda en aquellos días para cubrir los gastos correspondientes al ministerio, pues aún cerrado el templo, muchos continuaron diezmando y ofrendando fielmente aun sin poder asistir a la iglesia.

Al fin, cuando las autoridades anunciaron que ya se podían celebrar los servicios en el templo, aunque algunos no vinieron más (quizás por haberse acostumbrado a quedarse en casa o quizá por temor), la iglesia creció, ya que muchos de los hermanos de iglesias que durante la pandemia se cerraron definitivamente comenzaron a congregarse en el C.C. Ríos de Agua Viva.

¡Gracias al Señor, pues solo por tu misericordia, la que sostiene y guía a tus siervos, se puede llegar a ser instrumento en tus manos!

Recuento final

Haciendo un breve recuento de toda esta historia, no nos queda sino preguntarnos, ¿por qué Dios ha sido tan bueno con esta familia? Para esto hay una sola respuesta: únicamente por su misericordia, y por el gran amor con que nos amó a todos.

⇒ Les proveyó una forma de salvación donde encontraron perdón y regeneración.
⇒ Al acudir a Él les aceptó como hijos suyos.
⇒ Se plació en usarlos para Su servicio.
⇒ Se plació en bendecir la obra de sus manos y la de los que les rodearon.

¿Qué más necesitan?
⇒ Que vivan agradecidos, y sin olvidar nunca todo lo que Dios ha hecho por ellos.
⇒ Que Dios siga usando a sus descendientes.
⇒ Y que continúen siendo fieles hasta la muerte.

¡Eben-ezer., *hasta aquí* —hasta esta parte de la historia de ellos— *les ayudó Jehová!*

Hasta aquí el recuento de *solo un poco* de todo lo que Dios ha hecho por los hermanos Martínez. Esta historia será para sus generaciones como una piedra inmutable y siempre presente; servirá para que no olviden lo que Dios ha hecho por ellos, y cómo en cada circunstancia adversa o difícil, Él siempre estuvo ahí para librarles y sacarles adelante (1 Samuel 7:12).

Reflexión final

Definitivamente todos hemos pecado, e incluso los que parecen ser buenos, tienen de vez en cuando inclinaciones al mal como al orgullo, a la envidia, a los celos, etc. Unos más que otros, pero, aunque el más bueno haya cometido un solo pecado, ese único pecado le hace pecador. De esta manera, por causa del pecado, todos estamos condenados al infierno (el cual está en el centro de la tierra). Quiere decir que los seres humanos que *no* han ido a Dios para ser perdonados y transformados por su poder, y que viven de espaldas a Él, están a merced del enemigo de nuestras almas, esto es, de satanás, el cual les incita a que cada día se alejen más de Dios.

La única buena noticia es que nuestro Creador nos ama tanto que ha provisto una manera de librarnos del infierno aun siendo pecadores, y esta manera es, primero que todo, reconociendo que hemos pecado delante de Él, y después, aceptando que el sacrificio de Jesucristo en la cruz fue para salvarnos del infierno. Este será el momento de pedirle perdón por nuestros pecados, por causa de los cuales, Él tuvo que ir a la cruz, y de esta manera, hacerle a Él nuestro Salvador personal, y por supuesto, seguido de esto, apartarnos del pecado y vivir el resto de nuestra vida haciendo las cosas que agraden a nuestro Salvador y Creador, al Dios de la Biblia.

Después de todo esto, es necesario vivir día a día con Dios, orando, escudriñando su Palabra, y siendo parte de una iglesia de sana doctrina que sea fiel a Dios. Las cosas que le agradan a nuestro Creador incluyen: el amor a nuestros semejantes, el cuidado constante de no ofender a los demás, el perdón a los que nos hieran o lastimen, y el no seguir a ningún ser humano como modelo, porque todos los seres humanos algún día fallarán, por tanto, debemos tener siempre como modelo solo a Jesucristo.

Propósitos de una iglesia de sana doctrina

⇒ Enseñar cómo vivir en esta tierra en armonía con nuestro Creador.
⇒ Enseñar cómo prepararnos para que podamos ir al cielo el día que partamos de esta tierra.
⇒ Enseñar a ser una luz en esta tierra para que otros sean impactados por nuestro testimonio sin palabras.
⇒ Enseñar a alabar y adorar a nuestro Creador (al Padre Dios) y a nuestro Salvador (al Hijo Jesucristo) y a nuestro Santificador (al Espíritu Santo).
⇒ Suplir compañerismo y amistades para todos los que asisten a la iglesia.
⇒ Enseñar la importancia de la oración a Dios, para que la mano de Dios se mueva y Él responda nuestras peticiones de acuerdo a su voluntad.
⇒ Preparar a los creyentes para que puedan compartir con otros el mensaje de salvación; salvación que solo Jesucristo

otorga a todos los que lo han recibido como Salvador personal.

Por último, es muy importante cuidar de nuestra familia, y ser un buen ejemplo —antes que a nadie— para nuestros hijos, a fin de que ellos no caigan en las trampas de satanás, quien desea llevarlos al infierno. Y también, advertir a ellos y a todos los que podamos, del peligro de ese lugar de tormento eterno y de cómo evitar pasar la eternidad en él. Asimismo, dar amor, y amar a nuestro cónyuge, respetarlo y cuidar de él o de ella, pues esto será una muestra evidente de nuestra fidelidad a Dios en esta pasajera y corta vida.

Todo esto sin olvidar nunca, que por mucho que nos afanemos a algo, nada de esta vida nos podremos llevar. Esto quiere decir, que lo único que realmente vale la pena es prepararnos para ir al cielo, donde la vida es eterna.

¡Sin Cristo y sin la salvación del alma, la vida no tiene sentido!